AUTORES:

JOSÉ MARÍA CAÑIZARES MÁRQUEZ
CARMEN CARBONERO CELIS

COLECCIÓN OPOSICIONES MAGISTERIO: EDUCACIÓN FÍSICA

EL DESARROLLO MOTOR Y PERCEPTIVO DEL NIÑO DISCAPACITADO:
LA INTEGRACIÓN ESCOLAR COMO RESPUESTA EDUCATIVA. IMPLICACIONES EN EL ÁREA DE EDUCACIÓN FÍSICA.
(VOLUMEN 22)

WANCEULEN
Editorial Deportiva

COLECCIÓN OPOSICIONES MAGISTERIO: EDUCACIÓN FÍSICA

VOLUMEN 22.

EL DESARROLLO MOTOR Y PERCEPTIVO DEL NIÑO DISCAPACITADO. LA INTEGRACIÓN ESCOLAR COMO RESPUESTA EDUCATIVA. IMPLICACIONES EN EL ÁREA DE EDUCACIÓN FÍSICA.

AUTORES

José Mª Cañizares Márquez

- Catedrático de Educación Física
- Tutor del Módulo del Practicum del Master de Secundaria
- Especialista en preparación de opositores
- Autor de numerosas obras sobre Educación y Preparación Física

Carmen Carbonero Celis

- D. E. A. en Instituciones Educativas
- Licenciada en Pedagogía
- Maestra de Primaria y Secundaria en centros de Educación Compensatoria
- Didacta presencial del Módulo de Pedagogía General en el CAP
- Profesora de Pedagogía Terapéutica en Centro Educación Primaria

Título: EL DESARROLLO MOTOR Y PERCEPTIVO DEL NIÑO DISCAPACITADO. LA INTEGRACIÓN ESCOLAR COMO RESPUESTA EDUCATIVA. IMPLICACIONES EN EL ÁREA DE EDUCACIÓN FÍSICA.

Autores: José Mª Cañizares Márquez y Carmen Carbonero Celis
Editorial: WANCEULEN EDITORIAL DEPORTIVA, S.L.

C/ Cristo del Desamparo y Abandono, 56   41006 SEVILLA

Dirección web: www.wanceulen.com

I.S.B.N.: 978-84-9993-493-8

Dep. Legal:

© **Copyright:** WANCEULEN EDITORIAL DEPORTIVA, S.L.

Primera Edición: Año 2016

Impreso en España:

Reservados todos los derechos. Queda prohibido reproducir, almacenar en sistemas de recuperación de la información y transmitir parte alguna de esta publicación, cualquiera que sea el medio empleado (electrónico, mecánico, fotocopia, impresión, grabación, etc), sin el permiso de los titulares de los derechos de propiedad intelectual. Cualquier forma de reproducción, distribución, comunicación pública o transformación de esta obra solo puede ser realizada con la autorización de sus titulares, salvo excepción prevista por la ley. Diríjase a CEDRO (Centro Español de Derechos Reprográficos, www.cedro.org) si necesita fotocopiar o escanear algún fragmento de esta obra.

ÍNDICE

Presentación de la Colección.

Introducción

1. ASPECTOS COMUNES A TENER EN CUENTA EN EL EXAMEN ESCRITO.

    1.1. Criterios de corrección y evaluación que siguen los tribunales.
    1.2. Consejos sobre cómo estudiar los temas. Estrategias.
    1.3. Recomendaciones para la realización del examen escrito. Estrategias.
    1.4. Modelo estandarizado de presentación de examen escrito.
    1.5. Partes estándares a todos los temas.

2. EL DESARROLLO MOTOR Y PERCEPTIVO DEL NIÑO DISCAPACITADO. LA INTEGRACIÓN ESCOLAR COMO RESPUESTA EDUCATIVA. IMPLICACIONES EN EL ÁREA DE EDUCACIÓN FÍSICA.

COLECCIÓN OPOSICIONES DE MAGISTERIO. ESPECIALIDAD DE EDUCACIÓN FÍSICA

PRESENTACIÓN DE LA COLECCIÓN

Los autores, con muchos años de experiencia en la preparación de oposiciones, hemos plasmado en esta Colección multitud de argumentos y detalles con la finalidad de que cada persona interesada en acceder a la función pública conozca minuciosamente todos los pormenores de la preparación.

La Colección está compuesta por una treintena de volúmenes, de los que veinticinco están dedicados a otros tantos capítulos del temario, y los cinco restantes a cómo hacer y exponer oralmente la programación didáctica y las UU. DD., así como a resolver el examen práctico escrito.

Los destinados a los temas llevan incorporados unos aspectos comunes previos sobre cómo hay que estudiarlos y consejos acerca de cómo realizar el ejercicio escrito.

Los aplicados al examen oral: defensa de la programación y exposición de las U.D.I., también llevan un capítulo referente a cómo es mejor hacer la expresión verbal, el mensaje expresivo, el esquema en la pizarra, etc.

Es decir, los autores no nos hemos ceñido a publicar un temario para las dos pruebas escritas (tema y casos prácticos) y las dos orales (programación y unidades). Hemos querido hacer partícipe de las técnicas que hemos seguido estos años y que tan buen resultado nos han dado, sobre todo a quienes sacaron plaza merced a su propio esfuerzo. No obstante, debemos destacar un aspecto capital: ratio del tribunal, es decir, ¿con cuántos opositores me tengo que "pelear" para conseguir la plaza?

Ya podemos ir perfectamente preparados, que si un tribunal tiene dos plazas para dar y hay diez opositores con un diez... la suerte de tener una décima más o menos en la fase de concurso nos dará o quitará la plaza.

Por otro lado, es conocido que desde hace año en España tenemos diecisiete "leyes de educación", es decir, una por autonomía, además de la que es común para todos y que, como las autonómicas, depende del partido político que gobierne en ese momento. No podemos obviar que la Educación y todo lo que le rodea -incluidos opositores- es un aspecto más de la política, si bien entendemos debería ser justo lo contrario. La formación de nuestros hijos no debe estar en función de unas siglas de unos partidos políticos, porque cuando uno consigue el poder, elimina por sistema lo hecho por el anterior, esté mejor o peor. Ejemplos, por desgracia, hay muchos desde la LOGSE/1990. Así pues, abogamos por un Pacto Educativo que incluya, lógicamente, a opositores y al Sistema de Acceso a la Docencia.

Esto trae consigo que, forzosamente, debamos basarnos en una línea de elementos legislativos. En nuestro caso, además de la nacional, nos remitimos a la de Andalucía. Por ello, las personas opositoras que nos lean deberán adecuar las citas legislativas autonómicas que hagamos a las de la comunidad/es donde acuda a presentarse a las oposiciones docentes.

Para cualquier información corta, los autores estamos a disposición de las personas lectoras en:

oposicionedfisica@gmail.com

INTRODUCCIÓN

Este volumen tiene dos partes claramente diferenciadas:

a) Por un lado tratamos diversos aspectos comunes a todos los temas escritos. Es decir, nos centramos en cómo hay que estudiarlos a partir de los propios criterios de valoración del examen que indica la Consejería de Educación de la Junta de Andalucía, y que suelen ser similares a los de otras autonomías. También incluimos los criterios de otras comunidades, pero no de todas porque se nos haría interminable.

Esta parte también incluye una serie de consejos acerca de cómo estudiar los temas, cuestión que no es baladí porque el opositor está muy limitado por el tiempo disponible para realizarlo.

Esto nos lleva a siguiente punto, el "perfil" de cada opositor, su capacidad grafomotriz muy a tener en cuenta para que en el tiempo dado seamos capaces de tratar el tema elegido con una estructura adecuada a los criterios de evaluación que el tribunal va a usar en la corrección.

Es muy corriente el comentario de "mientras más sepas, más nota sacas y más posibilidades de obtener plaza tienes". Esto trae consigo, en muchas ocasiones, que el opositor se encuentre con "montañas de papeles" sin estructurar, sin saber si un documento reitera lo de otro, sin dominar la capacidad de síntesis ante tanto volumen de definiciones, clasificaciones, teorías, opiniones, etc.

La realidad es muy distinta. El opositor debe llevar preparado al menos veinticuatro documentos (para tener el 100% de que le va a salir en el sorteo un tema estudiado concienzudamente), con la información muy exacta de lo que le da tiempo a escribir correctamente desde todos los puntos: científico, legislativo, autores, estructura del propio examen, sintaxis, ortografía, etc.

Muchas veces nos han preguntado por el conocimiento de los tribunales, si están al día, etc. Nuestra respuesta ha sido siempre la misma: "sabrán más o menos de cada uno de los veinticinco temas, lo leerán con más o menos detenimiento, pero seguro que lo que más saben es corregir escritos porque lo hacen a diario en sus aulas, de ahí que debamos prestar la máxima atención a estos aspectos formales". Para ello añadimos al final una hoja-tipo.

Completamos este primer capítulo con una tabla de planificación semanal que debemos hacer desde un principio para "obligarnos" y seguirla con disciplina espartana, si de verdad queremos tener éxito.

b) Por otro, el Tema 22 totalmente actualizado a fecha de hoy. La persona opositora debe, una vez conozca el volumen de contenidos que es capaz de escribir, hacer un resumen equitativo de cada punto y "cuadrarlo" a su capacidad grafomotriz. A partir de aquí, a estudiarlo... pero escribiéndolo ya que la nota nos la van a poner por lo que escribamos y cómo expresemos esos contenidos. Pero, si en la comunidad donde nos examinemos, el escrito hay que leerlo al tribunal, de nuevo lo haremos, cuanto antes mejor, para ensayar la lectura y que determinadas palabras no se nos "atraganten".

CRITERIOS DE CORRECCIÓN Y EVALUACIÓN QUE SIGUEN LOS TRIBUNALES

Consideramos imprescindible saber **previamente** cómo nos va a evaluar el Tribunal para realizar el examen con respecto a los ítem que va a tener en cuenta. Aportamos varios **modelos** que han transcendido y que, básicamente, se diferencian en la **formulación** de las consideraciones y en su valoración, no en el **fondo**.

CRITERIOS DE EVALUACIÓN EN ANDALUCÍA.

La Consejería de Educación de la Junta de Andalucía informa a los sindicatos, en mayo de 2007, sobre un "borrador" de criterios de evaluación para el "Concurso Oposición al Cuerpo de Maestros 2007". Posteriormente, como pudimos comprobar esa convocatoria y las siguientes, estos criterios se hicieron "firmes".

Transcribimos literalmente los cinco puntos a considerar sobre el tema escrito:

<u>CRITERIOS GENERALES TEMA ESCRITO</u>

Estructura del tema.

   a) Presenta un índice.
   b) Justifica la importancia del tema.
   c) Hace una introducción del mismo.
   d) Expone sus repercusiones en el currículum y en el sistema educativo.
   e) Elabora una conclusión acorde con el planteamiento del tema.

Contenidos específicos.

   a) Adapta los contenidos al tema.
   b) Secuencia de manera lógica y clara sus apartados.
   c) Argumenta los contenidos.
   d) Profundiza en los mismos.
   e) Hace referencia al contexto escolar.

Expresión.

   a) Muestra fluidez en la redacción.
   b) Hace un uso correcto del lenguaje, con una buena construcción semántica.
   c) Emplea de forma adecuada el lenguaje técnico.

Presentación.

   a) Presenta el escrito con limpieza y claridad.
   b) Utiliza un formato adecuado teniendo en cuenta el apartado 4 del artículo 7.4.1. de la Orden de 24 de marzo de 2007, BOJA nº 60 del 26/03/2007.
   Nota: Se refiere a aspectos formales tales como no firmar el examen, entregarlo en un sobre con etiquetas, etc.

Bibliografía/Documentación.

   a) Fundamenta los contenidos con autores o bibliografía.
   b) Sitúa el tema en el marco legislativo pertinente.

La Consejería de Educación de la Junta de Andalucía informa a los sindicatos, en **junio de 2015**, sobre los criterios de evaluación para el "Concurso Oposición al Cuerpo de Maestros 2015". Transcribimos literalmente los cuatro puntos a considerar sobre el tema escrito:

**CRITERIOS GENERALES A TENER EN CUENTA
EN LA CORRECCIÓN DEL TEMA ESCRITO (JUNIO 2015).**

1. Estructura del tema.

a) Secuencia de manera lógica y clara cada uno de los apartados del tema
b) Expone con claridad

2. Contenidos.

a) Argumenta y justifica científicamente los contenidos
b) Conoce y tarta con profundidad el tema
c) Realiza una transposición didáctica de la teoría expuesta a la práctica
d) Fundamenta los contenidos con autores y bibliografía que realmente hagan referencia al contenido en cuestión, así como a la normativa vigente

3. Expresión.

a) Redacta con fluidez
b) Usa correctamente el lenguaje y presenta una adecuada construcción sintáctica
c) Usa con propiedad el lenguaje técnico específico de la especialidad
d) No se aprecian divagaciones, reiteraciones, etc.

4. Presentación.

a) El ejercicio es legible: no hay que estar deduciendo qué quiere decir ni traduciendo el texto
b) Se observa limpieza y claridad en el ejercicio
c) Usa un formato adecuado

CRITERIOS GENERALES A TENER EN CUENTA EN LA CORRECCIÓN DEL TEMA ESCRITO
(Comunidad de Castilla-La Mancha)

Los criterios de evaluación del tema escrito (Comunidad de Castilla-La Mancha), que tuvieron los tribunales en cuenta en la convocatoria de 2007 y que fueron establecidos por la Comisión de Selección de la Especialidad de Educación Física, son:

CRITERIOS PARA EVALUAR EL TEMA ESCRITO. PARTE "A"	Puntuación
1.- Introducción, justificación, índice y mapa conceptual.	(MÁXIMO 1,5 puntos)
2.- Contenidos específicos	
2.1.- Trata todos los epígrafes del tema. 2.2.- Adecuación de los contenidos al tema. Los contenidos se ajustan al tema. 2.3.- Profundización de los mismos. 2.4.- Organización lógica y clara en cada punto. Atendiendo al índice. 2.5.- Argumentación de los contenidos. 2.6.- Referencia al contexto escolar. 2.7.- Relaciona con otros temas del currículum. 2.8.- Originalidad y creatividad en el tema.	(MÁXIMO 6,5 puntos)
3.- Bibliografía	
3.1.- Bibliografía específica del tema. Cita autores y hace referencias bibliográficas. 3.2.- Aspectos legislativos. Hace referencia a la legislación nacional y autonómica.	(MÁXIMO 0,75 puntos)
4.- Conclusión y valoración personal	(MÁXIMO 0,75 puntos)
5.- Aspectos formales. Presentación, estructura, organización, uso de vocabulario técnico.	(MÁXIMO 0,5 puntos)
6.- Errores	
a. Divagaciones b. Faltas de ortografía c. Errores garrafales	SE VALORARÁ NEGATIVAMENTE POR PARTE DEL TRIBUNAL
Total	10 Puntos.

OTROS CRITERIOS GENERALES A TENER EN CUENTA EN LA CORRECCIÓN DEL TEMA ESCRITO

Otros tribunales siguieron unos criterios de evaluación del examen escrito como los que ahora reflejamos:

		CRITERIOS PARA EVALUAR EL TEMA ESCRITO	
1		Introducción, índice y mapa conceptual	Máximo 1 punto
2		Nivel de contenidos	Máximo 5 puntos
	2.1.	Trata todos los epígrafes del tema	
	2.2.	Los contenidos se ajustan al temario	
	2.3.	Relaciona con otros temas del curriculum	
	2.4.	Hace referencia a la legislación nacional y autonómica	
	2.5.	Cita autores y/o referencias bibliográficas	
3		Aspectos formales: presentación, estructura, organización, vocabulario y ortografía	Máximo 3 puntos
4		Conclusión, valoración personal y bibliografía	Máximo 1 punto

Esta tabla tuvo su origen en la Convocatoria de Castilla La Mancha hace unos años. Sus criterios siguen vigentes.

Cuadro resumen de los Criterios de Evaluación	Temas A
1.- Contenidos específicos a. Adecuación de los contenidos al tema. b. Profundización de los mismos. c. Organización lógica y clara en cada punto (Índice). d. Argumentación de los contenidos. e. Referencia al contexto escolar. f. Originalidad y creatividad en el tema.	2,75 puntos
2.- Introducción y conclusión a. Justificación de la importancia del tema. b. Repercusiones en nuestra área y en el Sistema Educativo. c. Buena introducción del tema. d. Conclusión.	0,5 puntos
3.- Expresión a. Fluidez del discurso. b. Buena redacción, sin errores sintácticos, redundancias... c. Uso del lenguaje técnico.	1 puntos
4.- Presentación a. Limpieza y claridad. b. Formato con variedad de recursos (gráficos, sangrías, diferenciación entre títulos, subtítulos, contenidos, esquema, etc.)	0,5 puntos
5.-Bibliografía a. Bibliografía específica del tema. b. Aspectos legislativos.	0,25 puntos
Penalizaciones a. Divagaciones b. Faltas de ortografía c. Errores garrafales	A restar según criterio del propio tribunal
Totales	5 Ptos.

En **2013**, la Convocatoria de Primaria en **Castilla-La Mancha** incluían estos **criterios**:

PARTE 1B *DESARROLLO DE UN TEMA DE LA ESPECIALIDAD*	PESO ESPECÍFICO
1. Estructurar el tema de forma coherente, secuenciada, justificada y equitativa con todos los apartados.	25%
2. En relación a los contenidos desarrollados, responder al tema planteado, adaptándose al currículum, con aportaciones teórico-prácticas, siendo funcional para la práctica docente.	40%
3. Ser original y creativo en el desarrollo del tema, estableciendo conexiones con otros contenidos del currículum, con aportaciones personales fundamentadas que revelan la creación propia e inédita del mismo.	15%
4. El tema será afín a unas bases teóricas, a una fundamentación científica de la que parte el currículum, al tiempo que aporta ideas nuevas.	5%
5. Mostrar una lectura fluida y comprensible, con una actitud transmisora y un desarrollo expositivo que se ciñan al tema.	15%

En la Convocatoria de **Secundaria** de **Andalucía** de **2016**, los criterios o "indicadores" a tener en cuenta por los tribunales para el examen escrito, son:

INDICADORES

• ESTRUCTURA DEL TEMA:

- Índice (adecuado al título del tema y bien estructurado y secuenciado).
- Introducción (justificación e importancia del tema).
- Desarrollo de todos los apartados recogidos en el título e índice.
- Conclusión (síntesis, donde se relacionan todos los apartados del tema).
- Bibliografía (cita fuentes diversas, actualizadas y fidedignas).

• EXPRESIÓN Y PRESENTACIÓN:

- Fluidez en redacción, adecuada expresión escrita: ortografía y gramática.
- Riqueza y corrección léxica y gramatical (IDIOMAS).
- Limpieza y claridad.

• CONTENIDOS ESPECÍFICOS DEL TEMA:

- Nivel de profundización y actualización de los contenidos.
- Valoración o juicio crítico y fundamentado de los contenidos.
- Ilustra los contenidos con ejemplos, esquemas, gráficos...
- Secuencia lógica y ordenada.
- Uso correcto y actualizado del lenguaje técnico.

CONSEJOS SOBRE CÓMO ESTUDIAR LOS TEMAS. ESTRATEGIAS.

Exponemos una serie de consejos que solemos dar a nuestros opositores:

- Cada uno tiene un "método" que ha experimentado durante su vida de estudiante, sobre todo a nivel universitario, de ahí que nuestra influencia sea relativa. No obstante, muchos nos reconocen que *"nunca hemos estudiado en profundidad hasta comenzar a prepararnos las oposiciones"*.

- Reconocemos que hay **múltiples** formas de estudio. Hemos tenido opositores que necesitaban estar tumbados, otros sentados y en total silencio, otros tenían que tener forzosamente una tenue música de fondo, etc. Es decir, existen muchas maneras con más o menos **dependencia/independencia** de **campo**.

- Unos precisan **luz** natural, otros luz blanca o azul, con flexo cercano o con la de la lámpara del techo…

- Hay quien prefiere estudiar a base de **resúmenes** hechos en un procesador de textos y otros, en cambio, tenían que estar a mano.

- Muchos prefieren **grabar** verbalmente los contenidos para reproducirlos cuando viaja, corre, nada o anda y así aprovechar estos "tiempos muertos".

- Otros requieren **gráficos** y mapas conceptuales. Incluso, hemos tenido los que preferían hacer un póster-esquema y colgarlo a la pared para leerlo de pie…

- Otro grupo lo conforman aquellos que prefieren subrayar o señalar los puntos clave con rotulador marcador tipo fluorescente, otros a lápiz… Eso sí, lo señalado debe tener encadenamiento o cohesión interna para verterlo, ya redactado, en el examen, de ahí que **debamos estudiar escribiendo**, porque el examen escrito trata de ello.

- Debemos usar bolígrafos de gel por ser más rápidos en su trazo y papel tamaño A4, que es el que nos van a proporcionar el día del examen. Ojo a los tipos de **bolígrafos permitidos** por los tribunales, debemos estar muy atentos a lo que nos dicen el día de la **presentación**. Independientemente de ello, debemos acostumbrarnos a poner el folio directamente sobre la superficie dura de la mesa, ya que así la velocidad de escritura es superior que si lo situamos encima de otros folios porque éstos hacen que el espacio de apoyo nos frene por ser más blando. Un **reloj** para controlarnos los tiempos es imprescindible también.

- En cualquier caso, no sería bueno estudiar más de dos horas seguidas, sobre todo si estamos sentados. Ello, normalmente, acarrea contracturas dorso-lumbares, en los miembros inferiores, etc. con el consiguiente dolor y molestia. Lo mismo podemos decir a nivel de nuestra visión.

- Realizar **actividad física o deportiva** varias veces a la semana es muy aconsejable por simple razón de compensación y revitalización personal.

- Es bueno, pues, cada dos horas aproximadamente, hacer un **alto horario** de 8-10 minutos para despejarnos mentalmente y estirarnos físicamente. Beber **agua** y la ingesta de **fruta** suele ser positivo. Esto es extensible al día del examen de la oposición.

- No obstante, si la convocatoria nos dice que el escrito durará más de este tiempo, debemos paulatinamente aumentar las dos horas hasta llegar al **tope** marcado.

- Siempre recomendamos realizar una **planificación** semanal personalizada, que regule nuestro **tiempo** destinado al estudio (avance y repaso de los temas del escrito, casos prácticos, exposición oral), al trabajo, deporte, ocio, obligaciones familiares, etc. Ver tabla/ejemplo en la página siguiente.

- **¿Cuánto tiempo dedicar al estudio?** No podemos dar "recetas" pues depende del nivel previo de cada opositor. Hay quien trae excelentes aprendizajes previos de la carrera y hay quien ese nivel lo trae demasiado básico. Otros ya tienen experiencias en oposiciones, etc. Así pues cada uno debe auto regularse en función de sus capacidades y sus circunstancias personales. Genéricamente podemos indicar que, al menos, 4-6 horas/día divididas por un descanso de 10-15 minutos puede ser un estándar adecuado. A partir de ahí, personalizar en función del avance o no obtenido.

- Siempre debemos tener un "**molde personal**" en función de la capacidad grafomotriz, habida cuenta el **ahorro** de tiempo y energía que nos supone seguir esta estrategia.

- De cualquier forma, debemos respetar el dicho popular "*lo que no se recuerda, no se sabe*", de ahí **memorizar comprensivamente** lo más significativo.

- La **memoria**, al igual que ocurre con la condición física, se mejora ejercitándola con frecuencia.

- Tan importante es memorizar un tema nuevo como no olvidar los ya aprendidos, por lo que es necesario **consolidar**, repasando, lo estudiado. Comprobar que dominamos temas anteriores mejora nuestra capacidad de auto concepto.

- De ahí la importancia de estudiar teniendo delante nuestro **resumen personalizado** y olvidarnos de aumentar los contenidos del tema porque, además de crearnos inquietudes, posiblemente no podamos reflejar todo lo que sabemos en el tiempo que tenemos de examen.

Mostramos en el siguiente **gráfico** un claro y rápido ejemplo de cómo auto planificarse el estudio durante la semana a partir de tres **módulos** diarios:

EJEMPLO DE PLANIFICACIÓN SEMANAL-TIPO
Combinación de estudio-repaso-programación-UU.DD.-prácticos-trabajo profesional-descanso

LUNES MAÑANA	MARTES MAÑANA	MIÉRCOLES MAÑANA	JUEVES MAÑANA	VIERNES MAÑANA	SÁBADO MAÑANA	DOMINGO MAÑANA
TRABAJO	Estudio tema nuevo semana	TRABAJO	Repaso tema nuevo	TRABAJO	Casos Prácticos	Libre
TRABAJO	Estudio tema nuevo semana	TRABAJO	Programación	TRABAJO	Casos Prácticos	Libre
TARDE	TARDE	TARDE	TARDE	TARDE	TARDE	TARDE
Estudio tema nuevo semana	Programación	Repaso temas anteriores	UU. DD.-U.D.I.	Sesión de clase con preparador	Repaso temas anteriores	Repaso temas anteriores

RECOMENDACIONES PARA LA REALIZACIÓN DEL EXAMEN ESCRITO. ESTRATEGIAS.

NOTA: Muchos de los consejos que ahora damos, sobre todo los relacionados con la presentación, escritura, etc. son también aplicables a la realización por escrito de los casos prácticos, si los hubiera.

En las convocatorias anteriores se ha comprobado que la mayoría de aprobados en el examen escrito tenían **buena letra**, además de contenidos notables. Efectivamente, entre los criterios de evaluación que utilizan los tribunales hay algunos puntos destinados a la **presentación** que no podemos desechar. Incluso, si la Orden de la Convocatoria indica que el opositor deberá **leer** su propio **examen** ante el tribunal, éste suele comprobar posteriormente su estructura, sintaxis, ortografía, etc.

No llegar a tiempo a los llamamientos supone la primera **precaución** a tomar. En ocasiones, las instalaciones donde se celebran las oposiciones se ven saturadas desde varios kilómetros antes de llegar. A ello hay que sumar el tiempo para aparcar, buscar el aula asignada, etc. **Llegar tarde** puede suponer la **no presentación** y la consiguiente **eliminación**.

Gracias a las observaciones hechas por los tribunales de años anteriores y por los criterios de evaluación que han transcendido, estamos en disposición de apuntar una serie de anotaciones a considerar por las personas opositoras durante su periodo de preparación con nosotros. Habitualmente los tribunales reservan parte de la nota total para los **aspectos "formales"** del examen, que ahora comentamos. Esto es de vital importancia porque dos opositores con igual cantidad y calidad de contenidos, sacará mejor nota quien mejor lo presente. Ante ello, reservar algunos minutos para poder **revisar** el examen antes de entregarlo, teniendo en cuenta lo siguiente:

- Nadie aprueba con **mala letra**. Igual decimos de la presentación y limpieza.
- Esto lo hacemos extensivo a las faltas de **ortografía**, acentuación, mala **sintaxis**, incorrecciones **semánticas**, **expresión** y **redacción**, **vulgarismos**, **repetir la misma palabra** continuadamente, **tachones**, suciedad, etc. No podemos "escribir igual que hablamos". También, no poner el número del tema elegido o su título. Otro error habitual es el mal uso de los puntos, bien seguido, bien aparte.
- Debemos escribir por **una carilla** -al menos que el tribunal indique otra cosa- con letra más bien grande para facilitar su lectura. No poner detalles como "no recuerdo..."; "creo que..."; "no me da tiempo..."; "me parece que es...".
- La **media** de **folios** (carillas o páginas) que suelen hacer nuestros preparados están entre **14 y 16**, con **17-22 renglones** cada una (20 lo habitual) y **9 palabras/renglón,** teniendo en consideración unos **márgenes laterales** y **superior e inferior** de 2 a 2'5 centímetros. No obstante, conforme avanza la preparación y la habilidad para escribir este tipo de examen, hay quien aumenta el volumen de páginas de manera significativa, pero siempre manteniendo y respetando los criterios de evaluación que suelen tener los tribunales: letra, limpieza, construcción semántica, ortografía, etc. Si preferimos escribirlo en un procesador de textos, como puede ser "Word", el número de palabras suele estar alrededor de las 2400-2700, aproximadamente.
- Los **renglones** deben ser **paralelos** y siempre con el mismo **interlineado**. En caso de tener problemas para hacerlo, podemos llevarnos una **plantilla** ya hecha, como una hoja tamaño folio de cuaderno de rayas, o bien hacerla allí

mismo con lápiz y regla. Si tampoco pudiese ser (a veces los tribunales han hecho especial hincapié en "no entrar con plantilla, regla, etc."), nos esmeraríamos en la realización de la primera página, aunque tardásemos más tiempo, y ésta nos serviría como "falsilla" o planilla de renglones. Otro **"truco"** es hacerla a partir del **DNI** al que previamente le hemos hecho unas señales minúsculas con la anchura que deseamos. Éste nos sustituiría a la regla.

- No se puede ser "loco o loca" escribiendo. Para ello es importante el **entrenamiento** durante el periodo de preparación. De ahí surge la **automatización** de todos estos aspectos, además del sangrado, márgenes, etc. No poner abreviaturas.
- Por otro lado debemos **numerar** las hojas, incluso algunos lo hacen poniendo "1 de 15; 2 de 15…".
- La utilización de **dos colores** de tinta **no** suele estar **permitido**, como tampoco subrayados para señalizar los títulos, epígrafes, ideas fundamentales, etc., al menos que el tribunal exprese lo contrario. En todo caso, **preguntar** al tribunal antes de empezar si es posible su uso, así como de tippex. También si se pueden poner gráficos, flechas, tablas, etc., si el tribunal lo permite, pero la Orden de la Convocatoria suele prohibirlo por considerarlo posible **"señal"**. Un **bolígrafo** tipo **gel** y apoyarnos sobre un **superficie dura** para que éste se deslice mejor, nos permite mayor velocidad de escritura manteniendo su calidad. Quienes suelen hacer tachaduras, previendo que no les dejen usar tippex, pueden optar por un **bolígrafo borrable por fricción** (marca Pilot o similar) que elimina cualquier rastro de su propia tinta. No obstante, determinados "bolígrafos rápidos" que se basan en tinta tipo gel, suelen ser peor para opositores **zurdos**, por razones obvias. Recordamos la necesidad de seguir exactamente las **instrucciones** que nos dé el tribunal al respecto, habida cuenta tenemos experiencias sobre la **anulación** de exámenes por el uso de este tipo de herramienta de escritura.
- No olvidemos que la mayoría de los títulos de los temas tienen tres puntos, por lo que debemos **dividir** la totalidad de materia que escribamos en tres partes similares. De esa forma, evitamos exponer mucho contenido de una parte en perjuicio de otra. Así pues, normalmente haremos tres puntos con varios sub-puntos cada uno buscando la conexión entre los mismos. Además, pondremos el **índice** al principio, tras el título, **introducción, conclusiones, bibliografía** -que incluye la legislación- y webgrafía. En **resumen**, queda muy bien, limpio y "amplio", la estructuración del examen de esta manera:

    - **Título** del Tema. 1ª página. Mayúsculas y en una única página.
    - **Índice**. 2ª página. En una sola página.
    - **Introducción**. 3ª y 4ª página. Debe tener cierta peculiaridad con objeto de atraer la curiosidad del corrector. Nombrar los descriptores del título y en cada uno dar una o dos referencias del mismo. Podemos "presentarlo" a través de su importancia en el currículo y citar sus referencias legislativas. Usar, preferentemente, dos páginas.
    - **Apartados o descriptores** y los sub-apartados. 5ª página. Es el eje alrededor del cual gira la nota relativa a los contenidos. Incluye definiciones, clasificaciones, teorías, líneas metodológicas, referencias curriculares, aplicaciones prácticas, actividades, etc., todo ello citando a autores y normativa que luego quedarán reflejados en la bibliografía, pero con una redacción técnica. En cualquier caso debemos marcar claramente cuándo finalizamos el primer punto y comenzamos el siguiente. Si somos "olvidadizos", podemos dejar un interlineado relativamente amplio por si nos acordamos después de algún detalle olvidado y deseamos incorporarlo sin tachones.

- **Conclusiones.** Lo más notable que hemos tratado, los puntos clave. Al ser lo último que el corrector lee, deben estar muy cuidadas porque puede influir decisivamente en la nota.
- **Bibliografía.** Reseñar algún libro "comodín" y de los autores nombrados anteriormente. También la legislación significada.
- **Webgrafía.** Alguna general, como revistas digitales, o específica.

En cualquier caso, es **imprescindible** conocer los **criterios de evaluación** que van a seguir los tribunales, máxime si son públicos, como viene ocurriendo en varias comunidades autónomas, y en Andalucía de forma más concreta, tal y como hemos citado en el capítulos anteriores. Debemos, pues, hacer caso de ellos y citar o desarrollar todos los **aspectos** que los criterios mencionan.

Precisamente, el tiempo no lo podemos "regalar" ni despreciar, por lo que si terminamos el examen y aún quedan cinco o diez minutos, debemos **repasar** lo escrito por si se nos ha olvidado algo relevante o no hemos puesto la debida atención a las faltas gramaticales, sesgos sexistas, escritura con "códigos SMS", etc. Así pues, debemos agotar el tiempo subsanando cualquier error.

Si la preparación ha sido buena, nada más hacerse el sorteo de los temas, debemos decidirnos por uno. Inmediatamente nos concentramos y empezamos a desarrollarlo, porque debemos ya tener "**automatizada**" su escritura. Si empezamos a dudar, comenzamos a perder el escaso tiempo que nos dan.

En caso de haber estudiado con "**esquemas**", lo mejor sería hacernos uno en sucio para usarlo como guía en la redacción del examen. Este folio nos sirve también para tomar notas, para ir estructurando el tema, etc. Pero, repetimos, la escritura del tema debemos tenerla automatizada porque si no perdemos el tiempo. Esta hoja la destruiríamos al terminar.

Si hemos preparado una introducción, conclusiones, bibliografía y webgrafía "estándar", podemos irlas escribiendo en el llamado "**tiempo perdido**" que suele haber desde que nos dan los folios hasta que sortean los números de los temas. Después podemos añadir los rasgos específicos del tema ya elegido.

Nuestros preparados suelen preguntarnos por la expresión a usar. Aconsejamos el "**plural mayestático**" (*nosotros, ahora vemos, podemos seguir, observamos*, etc.)

Otro aspecto importante es la **elección** del tema de entre los sorteados. Debemos hacer el que dominemos mejor, el que ya lo hayamos escrito muchas veces durante la preparación, el que nos garantice escribir más folios, en suma, el que nos dé más seguridad.

No olvidar llevarse **agua** y alguna pieza de **fruta**. Normalmente a finales de junio suele hacer mucho **calor** y la sensación de éste aumenta con la tensión del examen.

Ahora adjuntamos una **hoja con un resumen** de los **aspectos formales** del examen escrito del tema, aunque aplicable también a la redacción de los **casos prácticos**.

MODELO ESTÁNDAR DE PRESENTACIÓN PARA PRUEBA ESCRITA

2.- COORDINACIÓN Y EQUILIBRIO EN LA INICIACIÓN AL FÚTBOL ESCOLAR

2.1. CONCEPTUALIZACIONES PRELIMINARES.

Desde un primer momento es adecuado tener en cuenta que cualquier movimiento, por mínimo que sea, requiere coordinación y equilibrio adecuados. Por ejemplo, abrir y cerrar una mano conlleva que una serie de grupos musculares realicen (agonistas) la acción y que otros se relajen (antagonistas) para que aquéllos puedan actuar, así como que otros grupos estabilicen (fijadores) los de la muñeca para que lo anterior pueda tener lugar (Téllez, 2014).

La coordinación nos permite hacer lo pensado, es decir, realizar la imagen mental que nos hemos hecho, el esquema motor. Está íntimamente ligada a las habilidades y destrezas básicas a través de su relación con la coordinación dinámico general y la coordinación óculo-segmentaria, respectivamente (Mateos y Garriga, 2015).

Precisamente, las edades porpias de la Primaria son las más críticas para el desarrollo de las capacidades coordinativas (Bugallal, 2011).

Si nos fijamos atentamente en un partido de fútbol podemos observar numerosas acciones diferentes y que, mal hechas, pueden producir lesiones, como dejinses:

a) Carreras
b) Saltos
c) Giros
d) Lanzamientos

Todos ellos con infinidad de VARIANTES. Para que todos esos gestos "salgan bien" ~~havrá~~ habrá sido necesario un director que regule todos los mov. Esta es la función del sistema nervioso.

PARTES ESTÁNDARES A TODOS LOS TEMAS.

Muchas de las personas que preparamos tienen **problemas** por la falta de tiempo o de, simplemente, por ser poco capaces de aprender **introducciones, conclusiones, bibliografías, legislación y webgrafía** de cada uno de los temas.

Uno de los **remedios** para no "castigar" la memoria es confeccionarse unos "**estándares**" o "**comunes**" que den servicio a estos apartados.

Si a ello le unimos la racionalidad en la confección del Índice, a partir de los tres o cuatro apartados o descriptores del título del tema, hemos ahorrado un esfuerzo a nuestra memoria.

Así pues, vamos a dar una serie de **consejos** para que cada persona lectora los elabore de una forma sencilla pero eficaz unos textos usuales, si bien deberíamos a continuación podríamos **complementarlos** con unos **rasgos específicos** del tema que, prácticamente, nos vienen dado por el **título** del tema que nos escribirá el tribunal en la pizarra de la sala de examen. Por ejemplo, si la Introducción la hacemos en dos páginas, los aspectos comunes pueden suponer entre el 60-75 %, es decir, página y un tercio de la siguiente. Si la Conclusión la hacemos en una única, las tres cuartas partes podemos dedicarla a los textos estandarizados y el resto a los concretos del tema escrito.

INTRODUCCIONES COMUNES A TODOS LOS TEMAS

Cuando hemos hablado con los componentes de los tribunales, habitualmente nos indican que suelen fijarse en el "detalle" de si el opositor ha puesto desde el principio o no **referencias** a la **legislación actual**, debido a que suelen entender que cualquier tema debe redactarse **a partir** de las leyes educativas, decretos y órdenes que las desarrollan. Así pues, debemos hacer mención, **respetando su jerarquía**, de:

- Ley Orgánica 8/2013, de 9 de diciembre, para la mejora de la calidad educativa (LOMCE). B.O.E. nº 295, de 10/12/2013.
- Ley Orgánica 2/2006, de 3 de mayo, de Educación (LOE). B.O.E. nº 106 del 04/06/2006. (Modificada por la LOMCE/2013).
- Ley 17/2007, de 10 de diciembre, de Educación en Andalucía. B.O.J.A. nº 252, de 26/12/2007.
- M. E. C. (2014). *Real Decreto 126/2014, de 28 de febrero, por el que se establece el currículo básico de la Educación Primaria.* B. O. E. nº 52, de 01/03/2014.
- M.E.C. (2015). *Orden ECD/65/2015, de 21 de enero, por la que se describen las relaciones entre las competencias, los contenidos y los criterios de evaluación de la educación primaria, la educación secundaria obligatoria y el bachillerato.* B.O.E. nº 25, de 29/01/2015.
- JUNTA DE ANDALUCÍA (2015). *Decreto 97/2015, de 3 de marzo, por el que se establece la ordenación y el currículo de la educación Primaria en la comunidad Autónoma de Andalucía.* BOJA nº 50 de 13/013/2015.
- JUNTA DE ANDALUCÍA (2015). *Orden de 17 de marzo de 2015, por la que se desarrolla el currículo correspondiente a la educación Primaria en Andalucía.* BOJA nº 60 de 27/03/2015.

No obstante, entendemos que sería un buen detalle **citar** también a las **Competencias Clave**, habida cuenta su importancia a partir de la publicación de la LOE/2006, actualizada por la LOMCE/2013.

Igualmente podemos hacer mención a la legislación correspondiente a la evaluación o a la relacionada con la atención a la **diversidad**, pero tanto texto no nos cabe, de ahí la necesidad de **sintetizar** la información que consideremos más representativa.

Otra línea es plasmar alguna "**frase hecha**", como "*enseñar Educación física con éxito supone diseñar una programación coherente con el contexto, disponer de un amplio abanico de estrategias didácticas, generar un clima de clase que invite al aprendizaje, utilizar adecuadamente los recursos materiales y tecnológicos e integrar la evaluación en el proceso de aprendizaje*" (Blázquez y otros, 2010).

Otro ejemplo puede ser: "*Uno de los fines genéricos que persigue la Educación Física escolar es el de favorecer la ubicación personal del alumno/a en la sociedad, en una cultura corporal donde la escuela proporcione al alumnado los medios apropiados para su acceso y, en consecuencia, conseguir los beneficios que de ella pueden conseguir: desarrollo personal; equilibrio psicofísico; mejorar la salud; disfrutar del tiempo de ocio; etc., así como el desarrollo de la autonomía personal ante las influencias que imponen los nuevos mitos sociales*". "*El cuerpo y el movimiento como ejes básicos de nuestra acción educativa*"; "*el área de Educación Física se muestra sensible a los acelerados cambios que experimenta la sociedad…*"; "*la importancia de las relaciones interpersonales que se generan alrededor de la actividad física permiten incidir en la asunción de valores como el respeto, la aceptación, la cooperación…*", procedentes de legislaciones pasadas, pero de plena actualidad por la temática expresada.

Posteriormente, en la Introducción debemos hacer referencias a la materia que trata el tema elegido, lo que antes hemos referenciado como "rasgos específicos". Esto nos resulta fácil con un poco de práctica, simplemente comentando una o dos líneas a partir del título del tema que el tribunal detalla en la pizarra. No obstante, el sentido de lo que expresemos debe ir encaminado a lo que "vamos a tratar en el desarrollo del tema…"

CONCLUSIONES COMUNES A TODOS LOS TEMAS

Si en las introducciones se basan en lo que "vamos a estudiar en el tema…", con las Conclusiones ocurre al contrario: "a lo largo del tema hemos visto (escrito, estudiado, tratado, etc.) la importancia de…" Para ello podemos **actuar** como antes, es decir, un par de **párrafos comunes** a todas las temáticas. Por ejemplo, "la trascendencia del conocimiento del propio cuerpo, vivenciándolo y disfrutándolo, además de respetarlo". Otra posibilidad es incluir un párrafo basándonos en algunos ejemplos de estos textos **estandarizados**:

"*Todos los niños y niñas tienen el derecho a una educación de calidad que permita su desarrollo integro de sus posibilidades intelectuales, físicas, psicológicas, sociales y afectivas*" (Decreto 328/2010). "*Entendemos la etapa de primaria como fundamental para el desarrollo de las capacidades motrices del alumnado y donde el docente debe observar las deficiencias de éstos para corregirlas lo más rápidamente posible*".

En Andalucía, la O. 17/03/2015, indica que: "*la Educación Física es un área en la que se optimizan las capacidades y habilidades motrices sin olvidar el cuidado del cuerpo, salud y la utilización constructiva del ocio. En Educación física se producen relaciones de cooperación y colaboración, en las que el entorno puede ser estable o variable, para conseguir un objetivo o resolver una situación. La atención selectiva, la interpretación de las acciones de otras personas, la previsión y anticipación de las propias acciones teniendo en cuenta las estrategias colectivas, el respeto de las normas, la resolución de problemas, el trabajo en grupo, la necesidad de organizar y adaptar las respuestas a las variaciones del entorno, la posibilidad de conexión con otras áreas, el juego como herramienta primordial, la imaginación y creatividad"*.

Posteriormente plasmamos algunos rasgos de lo más característico que hemos escrito durante la redacción del tema escogido. Realmente se trata de que destaquemos lo más trascendental de cada uno de los apartados de los descriptores del título, pero con información nueva, expresando que "a lo largo del tema hemos visto la importancia de..." o "hemos indicado en la redacción del tema los conceptos, clasificaciones, didáctica de...".

BIBLIOGRAFÍA COMÚN A TODOS LOS TEMAS

Hay quien diferencia **bibliografía** de **legislación**. Nosotros, al estar ambos documentos en formato papel, lo **unificamos**.

Evidentemente cada tema tiene una serie de volúmenes principales o monográficos de apoyo, pero también está muy claro que hay una serie de **libros generales de didáctica** que vienen muy bien tenerlos en cuenta para ponerlos en la mayoría de los temas. Son las publicaciones que habitualmente se manejan en las facultades de Magisterio. Los tribunales suelen valorar más ediciones de los **últimos años**, aunque siempre habrá libros "clásicos", sobre todo las **monografías** de conocidos autores y que son muy **específicas** de los **temas**. Por ejemplo, Delgado Noguera en temas relacionados con la metodología y organización; Blázquez con evaluación y con la iniciación deportiva; Rigal en motricidad, etc.

Algunos ejemplos de bibliografía **común**, es decir, libros que prácticamente en su totalidad tratan **todas** las **materias** de los veinticinco temas, son:

ADAME, Z. y GUTIÉRREZ DELGADO, M. (2009). *Educación Física y su Didáctica. Manual de Programación.* Fondo Editorial de la Fundación San Pablo Andalucía CEU. Sevilla.

ARRÁEZ, J. M.; LÓPEZ, J. M.; ORTIZ, Mª M. y TORRES, J. (1995). *Aspectos básicos de la Educación Física en Primaria. Manual para el Maestro.* Wanceulen. Sevilla.

BLÁZQUEZ, D.; CAPLLONCH, M.; GONZÁLEZ, C.; LLEIXÁ, T.; (2010). *Didáctica de la Educación Física. Formación del profesorado.* Graó. Barcelona.

CAÑIZARES, J. Mª y CARBONERO, C. (2009). *Currículum de Educación Física en Primaria para Andalucía.* Wanceulen. Sevilla.

CAÑIZARES, J. Mª y CARBONERO, C. (2009). *Currículum de Educación Física en Primaria.* Wanceulen. Sevilla.

CHINCHILLA, J. L. y ZAGALAZ, M. L. (2002). *Didáctica de la Educación Física.* CCS. Madrid.

CONTRERAS, O. R. y GARCÍA, L. M. (2011). *Didáctica de la Educación Física. Enseñanza de los contenidos desde el constructivismo.* Síntesis. Madrid.

CONTRERAS, O. y CUEVAS, R. (2011). *Las Competencias Básicas desde la Educación Física*. INDE, Barcelona.

FERNÁNDEZ GARCÍA, E. -coord.- (2002). *Didáctica de la Educación Física en la Educación Primaria*. Síntesis. Madrid.

FERNÁNDEZ GARCÍA, E. -coord.- CECCHINI, J. A. y ZAGALAZ, Mª L. (2002). *Didáctica de la educación física en la educación primaria*. Síntesis. Madrid.

GALERA, A. D. (2001). *Manual de didáctica de la educación física. Una perspectiva constructivista moderada*. Vol. I y II. Paidós. Barcelona.

GIL MORALES, P. (2001). *Metodología didáctica de las actividades físicas y deportivas*. Fundación Vipren. Cádiz.

SÁENZ-LÓPEZ, P. (2002). *La Educación Física y su Didáctica*. Wanceulen. Sevilla.

SÁNCHEZ BAÑUELOS, F. (1996) *Bases para una Didáctica de la Educación Física y los Deportes*. Gymnos. Madrid.

SÁNCHEZ BAÑUELOS, F. y FERNÁNDEZ, E. -coords.- (2003). *Didáctica de la Educación Física para Primaria*. Prentice Hall.

SÁNCHEZ GARRIDO, D. y CÓRDOBA, E. (2010). *Manual docente para la autoformación en competencias básicas*. C.E.J.A. Málaga.

VICIANA, J. (2002). *Planificar en Educación Física*. INDE. Barcelona.

VILLADA, P. y VIZUETE, M. (2002). *Los Fundamentos teóricos-didácticos de la Educación Física*. Secretaría General Técnica del M. E. C. D. Madrid.

VV. AA. (2008). *Colección de manuales de atención al alumnado con necesidades específicas de apoyo educativo*. (10 volúmenes). C. E. J. A. Sevilla.

ZAGALAZ, Mª L.; CACHÓN, J.; LARA, A. (2014). *Fundamentos de la programación de Educación Física en Primaria*. Síntesis. Madrid.

Esta relación, o parte de ella, no debe aparecer en exclusiva. Antes que nada debemos recordar que es muy conveniente **reseñar autores y año** de publicación **durante** la **redacción** de los diversos apartados o descriptores. Esto, obviamente, nos obliga a incluirlos en la bibliografía "específica" de cada tema. Por ejemplo, en los temas relacionados con la psicomotricidad (7 – 9 – 10 – 11) recomendamos citar a:

RIGAL, R. (2006). *Educación motriz y educación psicomotriz en Preescolar y Primaria*. INDE. Barcelona.

SASSANO, M. (2015). *El cuerpo como origen del tiempo y del espacio. Enfoques desde la Psicomotricidad*. Miño y Dávila editores. Buenos Aires.

TAMARIT, A. (2016). *Desarrollo cognitivo y motor*. Síntesis. Madrid.

Hay una serie de **documentos legislativos** "obligatorios" porque, entre otras cosas, los hemos debido referir en el examen escrito. Además, debemos reseñar otros **específicos** de los temas. Por ejemplo, si tratamos la "evaluación", debemos anotar la Orden de 4 de noviembre de 2015, por la que se establece la ordenación de la evaluación del proceso de aprendizaje del alumnado de educación Primaria en la Comunidad Autónoma de Andalucía.

La legislación general ya la hemos indicado en el apartado anterior sobre "Introducciones comunes", aunque referida a Andalucía. **Cada persona opositora debe adecuarla a la comunidad autónoma donde se presente.**

WEBGRAFÍA COMÚN A TODOS LOS TEMAS

Hoy día muchas de nuestras fuentes consultadas se encuentran en **Internet**, de ahí que debamos señalar algunas **webs fiables**. Nos inclinamos por revistas electrónicas de prestigio en la didáctica general y en la educación física en particular, así como a los portales de las propias **consejerías** de educación de la comunidades autónomas. Todas ofrecen recursos didácticos, experiencias... y legislación aplicada.

Algunos ejemplos, son:

http://www.agrega2.es
http://recursos.cnice.mec.es/edfisica/
http://www.ite.educacion.es/es/recursos
http://www.educarm.es/admin/recursosEducativos#nogo
www.juntadeandalucia.es/educacion/descargasrecursos/curriculo-primaria/index.html
http://www.gobiernodecanarias.org/educacion/webdgoie/
http://www.educarex.es/web/guest/apoyo-a-la-docencia
http://www.catedu.es/webcatedu/index.php/recursosdidacticos
http://www.adideandalucia.es

TEMA 22

EL DESARROLLO MOTOR Y PERCEPTIVO DEL NIÑO DISCAPACITADO. LA INTEGRACIÓN ESCOLAR COMO RESPUESTA EDUCATIVA. IMPLICACIONES EN EL ÁREA DE EDUCACIÓN FÍSICA.

ÍNDICE

INTRODUCCIÓN

1. EL DESARROLLO MOTOR Y PERCEPTIVO DEL NIÑO DISCAPACITADO.

    1.1. Desarrollo motor y perceptivo de los discapacitados psíquicos.

        1.1.1. Características físicas y rendimiento motor de los discapacitados psíquicos.

        1.1.2. La conducta perceptivo-motriz de los discapacitados psíquicos.

    1.2. Desarrollo motor y perceptivo de los discapacitados sensoriales.

        1.2.1. Características físicas y rendimiento motor.

        1.2.2. La conducta perceptivo-motriz de los discapacitados sensoriales.

    1.3. Desarrollo motor y perceptivo de los discapacitados motóricos.

        1.3.1. Características físicas y rendimiento motor.

        1.3.2. La conducta perceptivo-motriz de los discapacitados motóricos.

2. LA INTEGRACIÓN ESCOLAR COMO RESPUESTA EDUCATIVA.

3. IMPLICACIONES EN EL ÁREA DE EDUCACIÓN FÍSICA.

    3.1. Implicaciones en el área de Educación Física del alumnado afectado de discapacidad psíquica.

    3.2. Implicaciones en el área de Educación Física del alumnado afectado de discapacidad sensorial.

    3.3. Implicaciones en el área de Educación Física del alumnado afectado de discapacidad motórica.

        3.3.1. Implicaciones en el área de educación física del alumnado afectado de discapacidad motórica por parálisis cerebral.

    3.4. Las adaptaciones curriculares en educación física. Los programas de adaptación curricular. Evaluación.

    3.5. El E. O. E. como ayuda en el área de Educación Física.

CONCLUSIONES
BIBLIOGRAFÍA
WEBGRAFÍA

INTRODUCCIÓN

Los temas 21 y 22 tratan sobre los **tres** grandes grupos de **discapacidades** y su grado de implicación en nuestra Área. El primero tiene una visión teórica y el segundo práctica.

La inclusión del alumnado con "necesidades educativas especiales" -hoy día dentro de la denominación genérica de "A. N. E. A. E.", junto a otros grupos de alumnos que también presentan "necesidades específicas de apoyo educativo" (L. O. E., 2006; R.D. 126/2014; Ley 17/2007 de Educación de Andalucía, art. 48.3; D. 97/2017; Orden de 25 de julio de 2008, por la que se regula la atención a la diversidad del alumnado que cursa la educación básica en centros docentes públicos de Andalucía)-, ha entrado a formar parte de las preocupaciones del sistema educativo y, por ello, la Actividad Física Adaptada es un aspecto importante que debe ser asumido por todos los maestros y maestras en el diseño de los Proyectos Curriculares de cada centro (Cumellas y Estrany, 2006).

La educación especial tiene sus orígenes en 1978, con el Informe Warnock, llamado así en honor a la británica Mary Warnock que presidió el "Comité de Investigación sobre la Educación Especial" (Romero y Lavigne, 2005). Es una declaración de los principios que deben regir la Educación Especial: "*todos los niños tienen derecho a asistir a la escuela ordinaria de su localidad, sin posible exclusión*". Este estudio influye en diferentes leyes europeas sobre educación (Ríos, 2003). A este cambio conceptual han ayudado numerosos elementos, pero es a este documento al que le debemos el concepto de *necesidades educativas especiales*. (Contreras, 2004).

La atención educativa a esta población ha experimentado una gran evolución en las últimas décadas, siendo por tanto muy dinámica. La publicación de los últimos decretos y órdenes, así como la divulgación editorial y congresual de investigaciones y experiencias lo prueban (Junta de Andalucía, 2001). En esta línea citamos al Plan Mejor Escuela de Infraestructuras Educativas (Acuerdo 11/10/2005), por el que todos los centros deberán disponer de todos los elementos para facilitar la entrada y tránsito por sus instalaciones.

Niños y niñas con necesidades educativas especiales tienen en **nuestra área** una importante faceta educativa ya que con la educación física adaptada consiguen el máximo desarrollo de su personalidad, si tenemos en cuenta sus posibilidades y limitaciones (Simard, Caron y Skrotzky, 2003).

En este sentido, la LOMCE/2013 nos dice que "*en esta etapa se pondrá especial énfasis en la atención a la diversidad del alumnado, en la atención individualizada, en la prevención de las dificultades de aprendizaje y en la puesta en práctica de mecanismos de refuerzo tan pronto como se detecten estas dificultades*".

A lo largo de este Tema veremos cómo es el desarrollo perceptivo-motor del alumnado afecto de discapacidad psíquica, sensorial y motórica y de qué forma se integra, así como las posibilidades de actuación que tiene la Educación Física a través de las **adaptaciones curriculares individualizadas**.

1. EL DESARROLLO MOTOR Y PERCEPTIVO DEL NIÑO DISCAPACITADO.

Desarrollo. Indica la diferenciación progresiva de órganos y tejidos con adquisición y perfeccionamiento de sus funciones (Zarco, 1992). A través de esta evolución que sufrimos durante nuestra existencia llegamos a la **madurez** intelectual, social y física.

Motor alude a la capacidad de movimiento, gracias a la cual niñas y niños exploran y conocen el medio, que es fundamental para su desarrollo.

Perceptivo. La percepción "*es un proceso integrador que sigue a la sensación y se encarga de originar formas mentales en el cerebro que suponen las representaciones internas del mundo exterior que hacen posible el conocimiento*" (Contreras, 2004).

La **discapacidad** manifiesta que una persona es menos capaz, que tiene determinadas limitaciones o restricciones para realizar tareas que normalmente son habituales en el resto de la población (Bravo, 2008). Niñas y niños con algún tipo de discapacidad tienden, por regla general, a tener algún tipo de **complicación** psicomotriz debido a dificultades en la percepción de información, en su elaboración mental y/o en su ejecución. Además, el contexto social no siempre le ayuda, por lo que su integración se ve afectada.

Nos referiremos ahora a los tres **grupos** de discapacidades que nos indica el título del Tema: Psíquicas, Sensoriales y Motóricas.

1.1. DESARROLLO MOTOR Y PERCEPTIVO DE LOS DISCAPACITADOS PSÍQUICOS.

Una de las características que algunos de estos sujetos presentan es cierta **torpeza** para moverse, para adaptarse a nuevas y más complejas circunstancias. A esto se le suelen añadir consideraciones en torno a sus características **físicas** cuando se les compara con sujetos catalogados como "normales". Estos rasgos físicos se **agudizan** más cuanto mayor es el grado de discapacidad.

1.1.1. CARACTERÍSTICAS FÍSICAS Y RENDIMIENTO MOTOR DE LOS DISCAPACITADOS PSÍQUICOS.

Las alteraciones anatómico-funcionales son más marcadas conforme el grado de discapacidad es mayor (discapacidad severa y profunda). En algunos casos es la extrema delgadez y en otros cierto sobrepeso. Los problemas cardio-respiratorios son más abundantes que en la población normal, así como la posibilidad de un funcionamiento inadecuado de los órganos internos. Suelen tener respiración deficiente y mala relajación, por lo que el nivel de condición física es endeble (Ríos, 2003). En resumen, presentan mayor fragilidad física, más torpeza motriz, menor estatura y peso inadecuado, bien por defecto o por exceso (Bravo, 2008).

El equilibrio es escaso, la deambulación deficitaria, así como las coordinaciones generales y las destrezas manipulativas (Bautista y Paradas, 2002).

El rendimiento físico y motor es **inferior** al de la población normal de la misma edad, estando aproximadamente de dos a cuatro años por detrás (Gallardo, 2008).

Todas estas peculiaridades **condicionan** nuestra intervención y necesitaremos, pues, recurrir a materiales muy específicos (Bravo, 2008).

1.1.2. LA CONDUCTA PERCEPTIVO-MOTRIZ DE LOS DISCAPACITADOS PSÍQUICOS.

Seguimos a Ríos y otros (2004), Ruiz Pérez (2005) y Bravo (2008).

La gran mayoría de ellos manifiestan una **inferioridad** con respecto a los sujetos normales en tareas de equilibrio, coordinación, fuerza, velocidad, resistencia, organización espacio-temporal y relajación. Sus movimientos **básicos** se muestran también **retrasados** con respecto a la población normal. Podemos decir que tanto la motricidad global como la fina están afectadas en los discapacitados psíquicos, si bien sus rendimientos pueden mejorar y acercarse a la normalidad si se les da la suficiente práctica.

Además, tienen frecuentes episodios de paratonías, sincinesias y alteraciones en su lateralidad, problemas en la relajación y mala excitabilidad en las motoneuronas, por lo que suelen tener **poca motivación** para el movimiento.

El tiempo de **reacción** se manifiesta menos rápido que el resto de los individuos, mostrando problemas de integración de los estímulos, de comienzo de la respuesta y de selección de la misma.

Tienen dificultades para **mantener la atención**, anticipar y seleccionar estímulos y respuestas. Su conducta perceptivo-motriz a los 9/10 años es semejante a la de niños normales de 5/6 años, si bien la pérdida de lo aprendido o su olvido no manifiesta diferencias significativas en relación a los sujetos normales.

La mayor parte de su actividad motriz está compuesta por movimientos simples, aunque la investigación ha demostrado que los discapacitados psíquicos son mucho más inactivos que el resto, lo que contribuye a su deficitario desarrollo motor y escasas conductas lúdicas cuando éstas constituyen un elemento imprescindible del desarrollo infantil.

Como dato final, los discapacitados psíquicos son más **eficientes** cuando la tarea a realizar es predominantemente **motriz**, mostrando más dificultades cuando el componente **perceptivo** es mayor. Estas son razones suficientes para recomendar imperiosamente que se les dote desde su nacimiento de una **amplia gama** de experiencias perceptivas y motrices.

1.2. DESARROLLO MOTOR Y PERCEPTIVO DE LOS DISCAPACITADOS SENSORIALES.

Nos referimos a los de tipo **visual** y **auditivo**. En ambos existe una **disminución** en el volumen de **información ambiental** que capta el individuo. La vista nos proporciona el sentido espacial, el oído el temporal, mientras que gusto, tacto y olfato son los sentidos de "contacto" en cuanto a darnos información (Bravo, 2008).

1.2.1. CARACTERÍSTICAS FÍSICAS Y RENDIMIENTO MOTOR.

- **Visuales**. El desarrollo motor sigue las mismas etapas y secuencias que los no afectados, aunque a un ritmo más lento debido a que tienen menores experiencias, de ahí que debamos paliar este déficit. Desde las edades más tempranas se notan marcadas **diferencias**, sobre todo en la percepción y en trabajos motores que necesitan desplazamiento, aunque con la práctica adecuada se han conseguido excelentes resultados. Por ello, el movimiento debe ser el principal apoyo o sustituto de la visión para conseguir el conocimiento del mundo que les rodea

(Bueno y Toro, 2002). La falta de movimiento suele traer como consecuencia un aumento de peso, de ahí que debamos vigilarlo y proponer alternativas.

- **Auditivos**. El desarrollo físico, por regla general, es el **mismo** que el de la población normal, no apreciándose alteraciones anatomo-funcionales marcadas. El rendimiento físico y motor podrá llegar a ser muy parecido al estándar, si la educación recibida desde muy temprano se adapta a la discapacidad. La condición física suele ser baja debido a que es propenso a tener **hábitos sedentarios** y a que emplean parte de sus energías para la comunicación. Tienden a estar **solos** y aislados porque tienen escasas posibilidades de relacionarse con los demás, por lo que debemos plantear actividades de interacción social.

1.2.2. LA CONDUCTA PERCEPTIVO-MOTRIZ DE LOS DISCAPACITADOS SENSORIALES.

De modo general podemos afirmar que presentan, en relación a la población normal, **inferioridad** en tareas de organización espacio-temporal, equilibrio y coordinación.

- **Visuales**. En los movimientos básicos se muestran **lentos** y **torpes**. Tienen retraso en la orientación y dirección hacia objetos y, lógicamente, en el inicio de los movimientos, de ahí la importancia del juego motor desde las primeras edades, con refuerzos continuos que les animen a realizar habilidades básicas más gruesas: gateo, reptación, etc. El conocimiento del esquema corporal, obviamente, será más tardío, no olvidemos que padecen la ausencia de **feedback** externo (vista). Los problemas de integración de comienzo de respuesta y selección de la misma son, incluso, más rápidos que en la población normo vidente.

  La capacidad de **atención** está más desarrollada de lo habitual. Se muestran más inactivos que los normales debido, fundamentalmente, a la falta de percepción espacial, con lo cual su desarrollo motor y la habilidad en las actividades lúdicas son inferiores.

- **Auditivos**. Las alteraciones están focalizadas a nivel **vestibular**, por lo que las habilidades motrices básicas, así como el equilibrio, alineación de los segmentos y la orientación espacio-temporal, se ven afectados, si bien a los cuatro años suele desaparecer.

En todo caso, el retraso es **proporcional** al grado de discapacidad, edad en que ocurrió y tratamiento recibido (Trigueros y Rivera, 1990).

1.3. DESARROLLO MOTOR Y PERCEPTIVO DE LOS DISCAPACITADOS MOTÓRICOS.

1.3.1. CARACTERÍSTICAS FÍSICAS Y RENDIMIENTO MOTOR.

El desarrollo físico **variará** en función de la discapacidad existente, siendo diferente para cada uno de los casos y cada una de las discapacidades mostradas: parálisis cerebral, espina bífida, distrofia muscular progresiva, ausencia de miembros, etc. (Serrano y Benavides, 2016).

En la ausencia de miembros el desarrollo físico del resto del cuerpo es igual al de la población normal. En cuanto al rendimiento motor también varía en función de la discapacidad, necesitando la ayuda, en la mayoría de los casos, de unos elementos auxiliares: muletas, prótesis, etc.

1.3.2. LA CONDUCTA PERCEPTIVO-MOTRIZ DE LOS DISCAPACITADOS MOTÓRICOS.

Aunque la conducta de todos los discapacitados motóricos se refiere exclusivamente a la motriz, no obstante, y como consecuencia, se pueden derivar otros trastornos que se manifiestan en mayor o menor grado. Los más significativos los podemos sintetizar en:

- Problemas de **movilidad**: desplazamiento, alteración de los patrones de movimiento voluntario, problemas de fuerza y coordinación en la manipulación.
- Problemas de **lenguaje**: alteraciones de articulación y expresión.
- Problemas **perceptivos**: trastornos visuales y auditivos.

El alumnado con problema motor no va a poder realizar los **desplazamientos** de la misma forma que sus compañeros, por lo que debemos estimularlo para que deambule como le resulte más operativo.

2. LA INTEGRACIÓN ESCOLAR COMO RESPUESTA EDUCATIVA.

"*Integrar es un proceso mediante el cual la niña o el niño con discapacidad es recibido en la escuela ordinaria y desarrolla en la misma una vida escolar como ser social*" (Fortes, 1998).

La escuela debe dotarse de los medios y condiciones adecuadas para que estos alumnos **participen** en el conjunto de las actividades educativas junto a la población escolar normal (Gómez, Puig y Maza, 2009).

La escolarización del alumnado que presenta necesidades educativas especiales se regirá por los principios de **normalización** e **inclusión** y asegurará su no discriminación y la igualdad efectiva en el acceso y la permanencia en el sistema educativo, pudiendo introducirse medidas de flexibilización de las distintas etapas educativas, cuando se considere necesario. La escolarización de este alumnado en unidades o centros de educación especial, que podrá extenderse hasta los veintiún años, sólo se llevará a cabo cuando sus necesidades no puedan ser atendidas en el marco de las medidas de atención a la diversidad de los centros ordinarios (L. O. E., 2006).

a) **Centros Ordinarios:**

Dentro de la escuela ordinaria, todos los escolares con n. e. e. no requieren las mismas atenciones y apoyos, por lo cual existen tres **opciones** (VV. AA., 2008):

- **Integración en el aula ordinaria**. La niña o el niño con discapacidad se encuentran en el aula ordinaria permanentemente, junto al resto del grupo, donde recibe todos los apoyos y esfuerzos específicos proporcionados por su docente o el de educación especial. La responsabilidad del aprendizaje recae en el docente de aula. El de especial es un "auxiliar", administrador de recursos especiales y de orientaciones individualizadas. Prácticamente, el 100% de los casos de niñas y niños con discapacidad que pueden asistir a un centro educativo normal, se integra en la clase de Educación Física correspondiente con adaptaciones más o menos complejas.

- **Aulas de Apoyo e Integración**. El alumnado con discapacidad está normalmente en su aula, pero asiste a la de apoyo en ciertos momentos para recibir, prioritariamente, contenidos de materias instrumentales y reforzar los mismos, ya que por su naturaleza, no los puede recibir en su aula porque sigue un ritmo de aprendizaje distinto. Ahora la responsabilidad está compartida por ambos docentes, por lo que debe existir una excelente coordinación entre ambos. No suele darse en nuestra Área.

- **Integración parcial en aulas especiales a tiempo completo**. Se trata del uso de aulas de Educación Especial, como un Centro Especial, pero dentro de un Centro Ordinario. El recreo y las actividades extraescolares son los momentos facilitadores de la integración. Tiene muchos **detractores** por entender que es una enseñanza segregadora, etiquetadora y estigmatizadora y que repercute negativamente en la socialización del niño o niña.

b) **Centros Especiales:**

Asiste el alumnado que, debido a su gran déficit, no le es posible integrarse con los demás. Necesitan una atención tan individualizada y constante que es **imposible** darla en los centros habituales. Por ejemplo, parálisis cerebral severa, ciegos totales, etc.

En la **Ley Orgánica de Educación** (2006), el Título II "*Equidad en la Educación*", engloba bajo el epígrafe "*alumnado con necesidad específica de apoyo educativo (A.N.E.A.E.)*" incluye a los de "*necesidades educativas especiales (n.e.e.)*", rigiéndose su escolarización por los "*principios de **normalización** e **inclusión** y asegurará su no discriminación y la igualdad efectiva en el acceso y permanencia en el sistema educativo*" (M.E.C. 2006).

El concepto de **inclusión** es más abierto, extenso y ambicioso que el de **integración**. Como lema general parte de la premisa "*una escuela común para niños diferentes*", porque entiende como diferentes a todos y cada uno de los alumnos. Contempla a la escuela como equitativa e integradora de todo el alumnado, asume las diferencias individuales y se las valora como riqueza, dando a los alumnos una educación de calidad similar adaptada a sus necesidades de aprendizaje. Autores esenciales de la escuela inclusiva, son Bartolomé (2000), Ainscow (2002) y Cardona (2003), entre otros.

No es lo mismo "**integración**", que "**inclusión**"; la integración se refiere al proceso de enseñar juntos a niños con y sin necesidades educativas especiales. En cambio, la inclusión es una concepción mucho más profunda porque enfatiza el sentido de comunidad, para que todos tengan la sensación de pertenencia, apoyen y sean apoyados por sus padres y demás miembros de la comunidad escolar, al tiempo que se encuentran respuestas adecuadas a sus necesidades educativas especiales. Incluir no es borrar las diferencias, sino permitir a todos los alumnos pertenecer a una comunidad educativa que valore su individualidad.

Si la **tendencia psicopedagógica** hacia la inclusión que se viene observando en los últimos años fructífica, la eliminación de los centros "especiales o específicos" y que la totalidad del alumnado esté escolarizado en los centros "ordinarios" será una realidad.

Sólo la posibilidad de diferenciar reconociendo la diversidad, nos permitirá conocer en la sociedad y en la escuela la complejidad de esa diversidad y ésta no se refiere a la capacidad para aprender, sino a los distintos modos y ritmos de aprendizaje.

No olvidemos que cuando se trata de educación en la diversidad se debe hacer hincapié en las diferencias y, a partir de aquí, valorar la individualidad. A la hora de trabajar los contenidos se hacen **agrupamientos flexibles**, donde el docente incorpora alumnos de distintas capacidades y todos aprenden conjuntamente, porque el "grupo aprende sólo si todos y cada uno de sus componentes aprende".

A finales del siglo XX empiezan a desarrollarse con gran intensidad **otras líneas pedagógicas** parejas a la **inclusión** y que en el siglo XXI continúan extendiéndose, sobre todo, en escuelas ubicadas en zonas desfavorecidas. Así, toman auge las "**Comunidades de Aprendizaje**" (Flecha y Puigvert, 2002; Elboj y otros, 2002), inspirada entre otras, en las "**Escuelas Aceleradas**" (Levin, 2000) y "**Éxito para Todos**" (Aubert y otros, 2004), que comparten como idea central la educación inclusiva. En este mismo sentido, también podemos mencionar a los movimientos "**Educación y Entorno**" (Subirats, 2006) y "**Escuelas Eficaces**" (Davis y Thomas, 1999), junto a toda una corriente de **investigación** e **innovación** educativa.

Nuestra área/materia tiene un rol muy importante, y así lo han demostrado numerosas experiencias (Ríos, 2006). Uno de los motivos es que el **juego motor** lo podemos adaptar en función de nuestros intereses concretos:

- Contenidos motrices, sociales, etc.
- Tiempos
- Espacios
- Normas
- Recursos móviles
- Agrupaciones

3. IMPLICACIONES EN EL ÁREA DE EDUCACIÓN FÍSICA.

La **educación inclusiva** se sustenta en un desarrollo social de los derechos humanos que promueven la justicia social y la igualdad de oportunidades. Por ello debemos conocer modelos de prácticas que faciliten estrategias y recursos para implementar la inclusión de las personas con discapacidad en los programas de Educación Física en las **etapas** educativas, así como en las actividades desarrolladas en los centros deportivos y clubes (Comité Paraolímpico Español, 2014).

Ahora, tras ver algunos aspectos generales a tener en cuenta, nos centraremos en tratar las implicaciones concretas en cada grupo de discapacidad. Posteriormente expondremos cómo es la adaptación usual del currículo siguiendo la O. de 25/07/2008 y otros autores que la comentan.

En un sentido amplio, se puede decir que la Educación Física **Adaptada** consiste en un variado programa de desarrollo de actividades, ejercicios, juegos, ritmos y deportes destinados a luchar contra los diferentes tipos de discapacidades de los individuos (Winnick 1993).

Pretende, como parte de la Educación Física, desarrollar planes individualizados que den respuesta a las necesidades especiales que tienen determinados sujetos, que requieren adaptaciones en Educación Física, cara a su participación satisfactoria y con éxito en las actividades físico-deportivas (Mendoza, 2009).

En las intervenciones para cada grupo de discapacidad, tomamos como **referencia**:

- Las características psicoevolutivas de los diferentes sujetos con necesidades especiales.
- La incidencia que las mismas tienen en su evolución.

El área de Educación Física, dado los contenidos que trabaja, es imprescindible para lograr unas mejoras significativas en esta población (Macarulla y Saiz -coords.-, 2009). Podemos actuar desde varias líneas: objetivos, organización, metodología, juego en grupo, habilidades perceptivas y básicas, aspectos psico-sociales, aspectos relacionados con la cognición, el procesamiento de la información, etc.

Pérez Turpin y Suárez (2004), citando a Linares (1994), apuntan una serie de objetivos complementarios a considerar en general con el alumnado con discapacidad:

- Superar las deficiencias que provocan un desequilibrio en la personalidad.
- Adquirir la utilización funcional de hábitos de comportamientos para tener autonomía e independencia.
- Lograr una adaptación progresiva a la realidad.
- Fortalecer las relaciones con personas que tienen problemas similares.
- Desarrollar actitudes y conductas que faciliten la integración social.

Arráez (1998), indica unas sugerencias **metodológicas generales**:

- *"Se debe crear cuanto antes un clima adecuado de aceptación normal, de agradable y amistosa convivencia.*
- *Es fundamental hacerles adquirir una percepción lo más fiel posible de sí mismos. Partiendo de este conocimiento tendrán más fácil elaborar una representación correcta del mundo que les rodea.*
- *Se tratará de lograr la aceptación de sí mismo como condición previa para adquirir un equilibrio emocional, afectivo y social adecuado.*
- *Conviene desarrollar actitudes positivas hacia la relajación ya que acumulan habitualmente más tensión y conflictos que el resto del alumnado.*
- *Es necesario insistir en que cada uno y una, dentro de sus limitaciones, consiga el mayor grado de independencia y autonomía posible, por la transferencia que esto puede suponer para su vida diaria.*
- *Aunque existan grandes dificultades para la intervención plena en las tareas lúdicas que se les propongan, siempre se podrá conseguir actitudes positivas como la cooperación, aceptación de normas, etc."*

Gómez Baldazo (2009), comenta que debemos **educar sin excluir**, haciendo de las clases de educación física un espacio para la cooperación, tolerancia e igualdad, sin tener por ello que dejar de lado los aprendizajes significativos, deseables en cualquier área escolar.

3.1. IMPLICACIONES EN EL ÁREA DE EDUCACIÓN FÍSICA DEL ALUMNADO AFECTADO DE DISCAPACIDAD PSÍQUICA.

La amplitud de diferencias individuales dentro de este grupo se manifiesta también en la diversidad de sus necesidades educativas especiales que, en mayor o menor grado, están presentes en cada una o uno (J. de Andalucía, 2001).

En los estados de discapacidad psíquica hay un proceso de **lentificación** y posterior detención de la evolución progresiva del desarrollo de la inteligencia, en un nivel más o menos deficitario. Así, distinguimos diversos **grados** de discapacidad psíquica: leve, media y severa.

También, dada la **interrelación** entre motricidad e inteligencia, y estando esta última alterada en su potencialidad, podemos deducir la **torpeza motriz** general que se manifiesta tanto a nivel grueso como fino; eso sí, estas alteraciones se atenúan y son más tratables conforme más leve es la discapacidad.

De una forma específica, Sevillano (2003), indica las siguientes adaptaciones:

a) **Adaptaciones del espacio**.

- Los espacios deben ser indefinidos, en todo caso, las limitaciones deben ser flexibles.

b) **Adaptaciones de los recursos materiales**.

- Utilizar pocos objetos a la vez para no distraer. Éstos deben ser lentos y fáciles de manipular. Pero al ir progresando, debemos sustituirlos por otros de menos tamaño y más velocidad. Un ejemplo son los balones hinchables.
- Debemos dejar que los manipulen y experimenten a partir de las propuestas de actividades presentadas.

c) **Adaptaciones de las habilidades**.

- La progresión debe ser nuestra norma, desde las más sencillas a otras de mayor nivel y siempre ajustándolas al nivel de realización.

- Alegre (2008), basándose en experiencias de Kaplan y Steele (2005), indica que está demostrada la eficacia de la terapia musical y corporal en personas con autismo, siendo extrapolables estos éxitos a otras áreas y materias. También propone tareas que impliquen la manipulación de objetos, con actividades cortas, estructuradas, simples y claras para conseguir que se vayan centrando en las mismas de forma paulatina, aunque partiendo de cosas que ya conozcan.

- Garrido (1994) propone, como ejemplo, la siguiente sucesión graduada:
    - Conceptos **espaciales**: dentro-fuera, grande-pequeño-mediano, arriba-abajo, lleno-vacío, gordo-delgado, etc.
    - Conceptos **temporales**: día-noche, ahora-antes-después, mañana-mediodía-tarde-noche, hoy-mañana-ayer, etc.

d) **Presencia del monitor de soporte**.

- Según el grado de afectación, podremos o no disponer de un monitor de soporte.
- Si no lo tenemos, propondríamos a un alumno-colaborador que rotaría en cada sesión. Para niñas o niños muy pequeños debemos utilizar la ayuda del docente de apoyo.

e) **Consideraciones metodológicas**. (Ríos y otros, 2004)

- Crear tareas nuevas a través de conductas que se observan en el alumno.
- Motivar a la actividad física a través de juegos y de pequeños éxitos del alumnado.
- Crear relaciones entre los alumnos a través de tareas colectivas de corta duración.
- Proporcionar informaciones concretas, claras, sencillas, comprensibles y breves. En su inicio, daremos pocas explicaciones y muy generales. Durante su desarrollo iremos recordándolas al afectado de discapacidad.
- Reforzar al alumno en todo momento dando información por varios canales.
- Prever pocas decisiones a tomar y con tiempo suficiente para dar la respuesta. Los sistemas de puntuación serán fáciles de seguir.
- Es necesario que estos alumnos asimilen, según sus posibilidades, el conocimiento de los aspectos espaciales y temporales que para ellos representan una especial dificultad.

Con todo, el maestro especialista deberá tener mucha **paciencia** en el proceso de aprendizaje de este alumnado y no esperar grandes cambios en periodos cortos de tiempo, debido a que los progresos se producirán de una forma gradual y lenta (Barcala, 2009). Daremos importancia a los pequeños cambios que vamos observando en el alumnado, muchas veces de tipo conductual (Bautista y Paradas, 2002).

3.2. IMPLICACIONES EN EL ÁREA DE EDUCACIÓN FÍSICA DEL ALUMNADO AFECTADO DE DISCAPACIDAD SENSORIAL.

a) **Auditivos**.

Este alumnado, por lo general, está escolarizado en centros ordinarios con el apoyo de docentes especialistas en audición y lenguaje. La oferta educativa es mayoritariamente integradora, dada sus grandes posibilidades de normalización social y académica (J. de Andalucía, 2001).

Distinguimos el grado extremo (**sordera**) de otros, donde los sujetos afectados conservan restos auditivos (**hipoacusia**).

Si el déficit auditivo proviene de una alteración en el oído interno, la **falta de equilibrio** será patente, y ello ocasionará desajustes en el control postural y más tarde en las actividades de desarrollo en el espacio que rodea al sujeto afectado: correr, saltar, agacharse... Si la alteración no radica en el oído interno, la motricidad no tiene por qué diferir respecto a la población normo-oyente, quizás más tiempo de respuesta motriz y peor velocidad gestual. Además, se puede reforzar la comunicación acentuando su expresividad corporal.

Así, en cuanto a la actividad física, los discapacitados auditivos pueden tener problemas en la **percepción** de órdenes **orales**; no obstante, el uso de prótesis adaptada, el empleo de gestos naturales, la verbalización con adecuada vocalización lenta por parte del maestro y hacerla cara a cara (para la lectura labial), eliminaría el problema (Real y otros 2002).

El uso de **estrategias visuales** es fundamental porque su vía de comunicación preferente es a través de la percepción visual. Por ello, en función de los contenidos que impartamos, nos serán de gran auxilio escritos, dibujos, etc. Las ayudas técnicas, y entre ellas las prótesis auditivas (cajita, retroarticular, intraarticular, intracanal) suelen ser muy útiles (Alegre, 2008).

Hemos de comenzar las explicaciones sobre las actividades a realizar con una demostración. La pronunciación de muchos fonemas y palabras no son visibles a través de los labios, por lo que debemos ayudarnos de gestos expresivos significativos. En muchas ocasiones tenemos que dar información complementaria para explicar determinados hechos (Alegre, 2008).

Por otra parte, vigilaremos el equilibrio:

- Con actividades más elementales respecto a las del grupo (si las programadas para éste aún no son alcanzables).
- Con actividades previas a las previstas para el grupo, que le hagan entrar en situación de guardar el equilibrio.

El efecto que posee la música sobre las acciones motrices reiterativas es ante todo rítmico, ya que el ritmo está arraigado en el cuerpo: respiración, caminar, etc. Hemos de ponerles en contacto con algunos elementos del mundo sonoro como son los contrastes y matices de duración, la intensidad y la altura; y con algunos de los elementos del fenómeno musical como el ritmo y la melodía. Es bueno usar instrumentos musicales para producir sonidos de contrastes, para lograr una discriminación auditiva más clara. El uso de panderos y otros instrumentos de percusión que puedan portar en sus manos y colocar en cualquier parte del cuerpo para sentir las vibraciones, es muy recomendable. Lo mismo podemos afirmar de la expresión corporal, que supone un importante recurso de apoyo para el desarrollo general de sus capacidades (Alegre, 2008).

Así pues, a escala física, la persona con sordera tiene las mismas capacidades físicas que el resto de la población, pero para desarrollarlas requiere las **adaptaciones visuales** correspondientes, porque a cada momento utiliza la vista para recabar información. No olvidemos que el alumno con sordera debe hacer un gran esfuerzo para poder comprender lo que el docente dice.

La práctica de deportes para el alumnado con discapacidad auditiva tiene multitud de beneficios, no sólo físicos, sino también para su **personalidad**, haciéndoles más tratables desde el punto de vista social y eliminando barreras de su entorno (Hernández -coord.-, 2015).

Los sordos y las sordas pueden hacer cualquier tipo de especialidad deportiva si se modifican mínimos detalles del reglamento a base de leves adaptaciones visuales (Bernal, 2002).

b) **Visuales**.

Las personas con déficit visual tienen reducida la cantidad y calidad de información que les llega del ambiente, reduciendo gran cantidad de claves que éste les ofrece y que son de gran importancia en la construcción del conocimiento sobre el mundo exterior (Bueno y Toro, 2002).

En los **ciegos**, el desarrollo del esquema corporal tiene, desde sus inicios, características diferenciales, siendo los estímulos auditivos y táctiles los únicos capaces de provocar una organización espacial respecto a sí mismo y al universo circundante. Pese a un desarrollo normal del esqueleto, se verán retardados en las etapas de posición sedente, gateo y locomoción (Martínez Abellán y otros, 2005).

En los **ambliopes**, su movilidad tendrá menos dificultades, por lo que serán capaces de asir objetos y evitar grandes obstáculos.

De una forma específica, Sevillano (2003), indica las siguientes adaptaciones:

b 1) **Adaptaciones del espacio**.

- Debemos verbalizar las características del juego, espacio y recursos que usemos, dándoles a conocer aquellos aspectos del ámbito sonoro del espacio que sean relevantes y propios del mismo (eco, sonido de la pelota al botar, pisadas, etc.)
- Igualmente les debemos proporcionar información sobre aspectos táctiles del espacio, por ejemplo textura de paredes y pavimentos.
- También son significativos, sobre todo para quienes tienen restos de visión, datos sobre los colores de las paredes, ubicación de las fuentes de luz, etc.
- Cualquier cambio físico en el aula, gimnasio, sala de psicomotricidad, etc. debemos explicarlo.
- Cuando estemos en el aula habitual, procuraremos que tengan espacio suficiente para los materiales específicos que usemos (iluminación o contraste, ampliadores como lupas, etc.); libro hablado o Braille hablado; materiales para la orientación y movilidad (bastones, planos, etc.); material de lectoescritura Braille; materiales para el dibujo (plantillas de dibujo positivo, tableros, etc.) y otros materiales tiflotécnicos.

b 2) **Adaptaciones de los recursos materiales**.

- Móviles con colores distintos a los de pavimentos y paredes para posibilitar su localización. También, si es posible, que sean sonoros, grandes y de tacto agradable.
- Los móviles ofrecerán seguridad, por ejemplo pelotas auto hinchables (Paramio y otros, 2010).
- Los elementos fijos, por ejemplo espalderas, no tendrán aristas.
- En los juegos de precisión es conveniente que coloquemos una cinta adhesiva de contraste. En los de persecución, es preciso que los concienciemos del color de la camiseta del perseguido y que ésta sea de tono fuerte.
- Cuando hagamos tareas con cuadernos, como colorear las canchas deportivas, si es necesario, proporcionaremos un atril para que acerque el papel a sus ojos, evitando su fatiga.

- Los anuncios deberán ser fácilmente accesibles, sobre todo si disponen de avisos en Braille o en caracteres grandes.
- Las notas que entreguemos deberán estar redactadas con tinta negra y con caracteres grandes o en Braille.
- En los juegos de precisión es conveniente que coloquemos una cinta adhesiva de contraste. En los de persecución, es preciso que los concienciemos del color de la camiseta del perseguido y que ésta sea de tono fuerte.
- Los móviles deben ser fácilmente analizados por el tacto.
- El material debemos almacenarlo siempre con el mismo orden, de esta manera el alumno ciego podrá ser autónomo, pudiendo cogerlo, utilizarlo y luego guardarlo. A su vez, este orden le evitará malas experiencias, como tropezar con elementos que estén fuera de su lugar y que le provocarían inseguridad al moverse en el espacio (Rivadeneyra, 2003).

b 3) **Adaptaciones de las normas**.

- Con frecuencia hay que recurrir a las llamadas de localización con voz o sonidos prefijados.
- Puede usarse la figura del ayudante o cooperante
- Aumentar los tiempos de decisión si es necesario
- Adaptar el reglamento cuando sea necesario

b 4) **Adaptaciones de la táctica**.

- Defensas de tipo zonal permiten mayor movilidad a los discapacitados visuales
- Los compañeros que estén más cerca deben ayudarle

b 5) **Adaptaciones en el lenguaje**.

- El lenguaje lo debemos adaptar al conocimiento previo de estos alumnos sobre su propia realidad y posibilidades de movimiento
- Explicar verbalmente todos los aspectos de la actividad, pero también sobre el espacio, móviles, compañeros, etc. Durante el transcurso del juego, insistir en la información oral

b 6) **Adaptaciones en las habilidades**.

- Variar la forma de desplazamiento de los demás para igualar la desventaja. Por ejemplo, saltar o gatear
- Que los gestos a realizar por el discapacitado sean más sencillos que los de los demás
- Ríos y otros (2004), establecen, además, pasar de tareas más simples a otras más complejas y variar las situaciones de enseñanza

3.3. IMPLICACIONES EN EL ÁREA DE EDUCACIÓN FÍSICA DEL ALUMNADO AFECTADO DE DISCAPACIDAD MOTÓRICA.

Las necesidades de este colectivo son muy **variadas** pues con este tipo de discapacidad se encuentran desde individuos que no poseen una extremidad, o quienes sufren enfermedades cardiacas, neuromusculares, etc. a quienes tienen parálisis (J. de Andalucía, 2001). Ahora vemos a los primeros y en un punto aparte a los afectados de Parálisis Cerebral (P. C.)

De una forma específica, Sevillano (2003), indica las siguientes adaptaciones:

a) **Adaptaciones del espacio**.

- Delimitarlo para compensar las dificultades de movilidad existentes
- Utilizar un pavimento adecuado, llano, sin gravilla, humedades, etc.
- Alternar las distancias para que los que tienen dificultad recorran menos espacio
- Reservar varias zonas como "espacio de seguridad" para que descansen

b) **Adaptaciones de los recursos materiales**.

- Utilizar móviles blandos para quienes tienen déficit en la prensión manual. Por ejemplo, pelotas auto hinchables
- Las sillas de ruedas deben estar adaptadas al movimiento y que los reposapiés estén recubiertos con goma espuma para evitar lesiones a los demás
- Podemos optar por andadores para quienes por sus lesiones lo necesiten
- Quienes, además, tengan problemas en la verbalización, debemos usar material auxiliar, como tablero silábico, de comunicación, tablilla con fotos, etc.
- Quienes tengan problemas de equilibrio, deben usar protecciones: coderas, rodilleras, etc. De todas maneras, el docente estará a la "sombra" de quien tenga esta dificultad

c) **Adaptaciones de las normas**.

- Modificar las reglas de los juegos en función de las necesidades. Recordarlo durante su realización
- Variar los sistemas de puntuación para equilibrar los equipos
- Los docentes ayudaremos con estímulos y feedback a quien, por ejemplo, no puedan girarse para ver lo que hay a su alrededor

d) **Adaptaciones de las habilidades**.

- Alterar las formas de desplazarse y modificar la habilidad para que sea posible su realización.

e) **Presencia del monitor de soporte**.

- En edades tempranas es mejor auxiliarse de un monitor o docente de apoyo para que nos ayude. En todo caso, que un compañero colabore y que éste rote en cada sesión

Bernal -coord.- (2005), basándose en Cano y otros (1997), nos presenta una serie de tablas-resumen para la realización de adaptaciones concretas en casos de discapacidad física.

3.3.1. IMPLICACIONES EN EL ÁREA DE EDUCACIÓN FÍSICA DEL ALUMNADO AFECTADO DE DISCAPACIDAD MOTÓRICA POR PARÁLISIS CEREBRAL (P. C.)

Seguimos a Gomendio (2000), Simard, Caron y Skrotzky, (2003), Sevillano (2003), López Franco (2004), Pérez Brunicardi -coord.- (2004), Pérez Turpin y Suárez (2004), Ruiz Pérez (2005), Cumellas y Estrany (2006), Alegre (2008), Timón y Hormigo -coords.- (2009) y Serrano y Benavides (2016).

La Parálisis Cerebral se asocia a una disminución o **abolición** de la motricidad. Son discapacitados motóricos, pero pueden tener otras disfunciones neurológicas que agrava el problema.

En general, la actividad física salva las deficiencias **circulatorias** debidas a las posturas viciadas, además de evitar la descalcificación, ya que potencia el flujo sanguíneo. Por otro lado, permite corregir la artrosis precoz, debida a las deformidades óseas, desviaciones de los ejes articulares y de las líneas de fuerza asimétricas.

Bajo esta perspectiva, debemos concebir la Educación Física como un área educativa y no le daremos el sentido rehabilitador propio de la fisioterapia, pues además de las clases de educación física, la rehabilitación se desarrollará durante varias horas al día.

Algunos ejemplos de **objetivos** a marcarnos, son:

- Estimular la expresión corporal, explorando las posibilidades comunicativas del propio cuerpo, promoviendo la aceptación y comunicación entre compañeros.
- Ayudar a que el alumno conozca bien su cuerpo y pueda sacar provecho de sus capacidades.
- Enseñar técnicas para dominar la silla de ruedas, muletas o cinturones con seguridad, que permitan salvar las barreras arquitectónicas que encontramos en la calle.
- Potenciar el hecho de pedir ayuda y de saber explicar a los demás como otorgarla.

Algunos aspectos **metodológicos** concretos a tener en cuenta, son:

- La frecuencia cardiaca suele ser más elevada de lo normal.
- La fatiga y la tetania muscular aparece más rápidamente, por lo que el tiempo de recuperación debe ser más largo.
- Frente a problemas de comunicación graves utilizar un sistema de comunicación aumentativa, si él o ella están de acuerdo, además de dar más tiempo en la elaboración de la respuesta.
- A veces, el alumnado en silla de ruedas no puede percibir lo que ocurre detrás. En este caso el docente deberá ayudarles narrando la situación.
- Existe una disminución de la elasticidad muscular, tendinosa y de las cápsulas articulares, que provoca retracciones.
- Podemos observar deformaciones óseas, atrofias musculares y alergias.

- Adaptar el material y normas de los juegos que utilizaremos en clase para que puedan ser jugados por todos.

- Quizá sea necesario prever alguna ayuda para cambiarse de ropa después de hacer la actividad física. Su discapacidad no ha de ser una excusa que interfiera en la adquisición de hábitos higiénicos.

3.4. LAS ADAPTACIONES CURRICULARES EN EDUCACIÓN FÍSICA. LOS PROGRAMAS DE ADAPTACIÓN CURRICULAR. EVALUACIÓN.

Resumimos lo publicado en la O. de 25 de julio de 2008, por la que se **regula la atención a la diversidad** del alumnado que cursa la educación básica en centros docentes públicos de Andalucía, BOJA nº 167, de 22/08/2008.

La adaptación curricular es una medida de **modificación** de los elementos del currículo, a fin de dar **respuesta** al alumnado con necesidades específicas de apoyo educativo (A. N. E. A. E.)

Los **programas** van dirigidos al alumnado de educación primaria y secundaria que se encuentre en alguna de estas situaciones:

a) Alumnado con necesidades educativas especiales.
b) Alumnado que se incorpora tardíamente al sistema educativo.
c) Alumnado con dificultades graves de aprendizaje.
d) Alumnado con necesidades de compensación educativa.
e) Alumnado con altas capacidades intelectuales.

En cualquier caso, la **escolarización** del alumnado que sigue programas de adaptación curricular se regirá por los **principios** de normalización, inclusión escolar y social, flexibilización y personalización de la enseñanza.

La escolarización del alumnado que se incorpora tardíamente al sistema educativo se realizará atendiendo a sus circunstancias, conocimientos, edad e historial académico. Cuando presenten graves carencias en la lengua española, recibirán una atención específica que será, en todo caso, simultánea a su escolarización en los grupos ordinarios. En este caso, el área de Educación Física contribuye especialmente debido a la relación sociomotriz que suponen los juegos motores.

Los centros que atiendan al A. N. E. A. E. dispondrán de recursos específicos que permitan garantizar la escolarización en condiciones adecuadas. Asimismo, recibirán una atención preferente de los servicios de apoyo a la educación.

Los programas de adaptación curricular en su concepción y elaboración podrán ser de **tres tipos** (VV. AA., 2008).

a) <u>Adaptaciones curriculares no significativas</u>, cuando el desfase curricular con respecto al grupo de edad del alumnado es **poco** importante. Afectará a los elementos del currículo que se consideren necesarios, metodología y contenidos, pero **sin modificar** los objetivos de la etapa educativa ni los criterios de evaluación. Son las más habituales.

Irán dirigidas al alumnado que presente **desfase** en su nivel de competencia curricular respecto del grupo en el que está escolarizado, por presentar dificultades graves de aprendizaje o de acceso al currículo asociadas a discapacidad o trastornos graves de conducta, por encontrarse en situación social desfavorecida o por haberse incorporado tardíamente al sistema educativo.

Serán adaptaciones **grupales**, cuando estén dirigidas a un grupo de alumnado que tenga un nivel de competencia curricular relativamente homogéneo, o individuales.

Estarán propuestas y elaboradas por el **equipo docente**, bajo la coordinación del profesor o profesora tutor y con el asesoramiento del equipo o departamento de orientación. En dichas adaptaciones constarán las áreas o materias en las que se va a aplicar, la metodología, la organización de los contenidos, los criterios de evaluación y la organización de tiempos y espacios.

En ningún caso, las adaptaciones curriculares grupales podrán suponer **agrupamientos discriminatorios** para el alumnado.

Las adaptaciones curriculares individuales podrán ser propuestas, asimismo, por el profesor o profesora del **área** o materia en la que el alumnado tenga el desfase curricular que será responsable de su elaboración y aplicación, con el asesoramiento del equipo o departamento de orientación.

b) <u>Adaptaciones curriculares significativas</u>, cuando el desfase curricular con respecto al grupo de edad del alumnado haga necesaria la modificación de los elementos del currículo, incluidos los objetivos de la etapa y los criterios de evaluación.

Irán dirigidas al alumnado con **necesidades educativas especiales**, a fin de facilitar la **accesibilidad** de los mismos al currículo. Se realizarán buscando el máximo desarrollo posible de las competencias clave; la evaluación y la promoción tomarán como referente los criterios de evaluación fijados en dichas adaptaciones. Requerirán una **evaluación psicopedagógica previa**, realizada por los equipos de orientación, con la colaboración del profesorado que atiende al alumnado. De dicha evaluación se emitirá un **informe** de evaluación psicopedagógica que incluirá, al menos, los siguientes apartados:

a) Datos personales y escolares.
b) Diagnóstico de la discapacidad o trastorno grave de conducta.
c) Entorno familiar y social del alumnado.
d) Determinación, en su caso, de las necesidades educativas especiales.
e) Valoración del nivel de competencia curricular.
f) Orientaciones al profesorado y a los representantes legales del alumnado.

El **responsable** de la elaboración de las adaptaciones curriculares significativas será el profesorado especialista en educación especial, con la colaboración del profesorado del área o materia encargado de impartirla y contará con el asesoramiento de los equipos o departamentos de orientación.

Sin perjuicio de su inclusión en el proyecto educativo del centro, las adaptaciones curriculares significativas quedarán recogidas en un **documento**, que estará disponible en la aplicación informática «Séneca» (regulado por el Decreto 285/2010, de 11 de mayo) y que contendrá, al menos, los siguientes apartados:

a) Informe de evaluación psicopedagógica al que se refiere el apartado 3 de este artículo.

b) Propuesta curricular por áreas o materias, en la que se recoja la modificación de las competencias y objetivos, metodología, contenidos, criterios de evaluación y organización del espacio y del tiempo.
c) Adaptación de los criterios de promoción y titulación, de acuerdo con los objetivos de la propuesta curricular.
d) Organización de los apoyos educativos.
e) Seguimiento y valoración de los progresos realizados por el alumnado, con información al mismo y a la familia.

La **aplicación** de las adaptaciones curriculares significativas será responsabilidad del profesor o profesora del área o materia correspondiente, con la colaboración del profesorado de educación especial y el asesoramiento del equipo o departamento de orientación.

La **evaluación** del alumnado con N. E. E. que tenga **adaptaciones curriculares** será competencia del tutor o tutora, con el asesoramiento del equipo de orientación educativa. Los criterios de evaluación establecidos en dichas adaptaciones serán el referente fundamental para valorar el grado de adquisición de las competencias (O. 10/08/2007, art. 7).

Independientemente de ello, la O. de 04/11/2015, sobre evaluación de Primaria en Andalucía, establece en su art. 15 la correspondiente al alumnado con N.E.A.E. Los puntos que más nos interesan dado el contenido de este tema, son:

1. La evaluación del alumnado con necesidades específicas de apoyo educativo se regirá por el principio de inclusión y asegurará su no discriminación y la igualdad efectiva en el acceso y la permanencia en el sistema educativo.
2. El equipo docente deberá adaptar los instrumentos para la evaluación del alumnado teniendo en cuenta las necesidades específicas de apoyo educativo que presente.
3. La evaluación y promoción del alumnado con necesidades específicas de apoyo educativo con adaptaciones curriculares, será competencia del equipo docente, con el asesoramiento del equipo de orientación del centro y bajo la coordinación de la persona que ejerza la tutoría. Los documentos oficiales de evaluación, así como las comunicaciones que se realicen con las familias del alumnado con necesidades específicas de apoyo educativo con adaptación curricular, recogerán información sobre las áreas adaptadas.
4. Se podrá realizar una adaptación curricular significativa al alumnado con necesidades educativas especiales cuyo nivel de competencia curricular sea inferior, al menos en dos cursos respecto al curso académico en el que esté escolarizado. Esta adaptación requerirá que el informe de evaluación psicopedagógico del alumno o alumna recoja la propuesta de aplicación de esta medida.
5. Cuando la adaptación curricular sea significativa, la evaluación se realizará tomando como referente los objetivos y criterios de evaluación fijados en dichas adaptaciones, conforme a lo establecido en el artículo 18.3 del Decreto 97/2015, de 3 de marzo. Se especificará que la calificación positiva en las áreas adaptadas hace referencia a la superación de los criterios de evaluación recogidos en su adaptación y no a los específicos del curso académico en el que esté escolarizado el alumno o alumna.
6. El profesorado especialista participará en la evaluación del alumnado con necesidades educativas especiales, conforme a la normativa aplicable relativa a la atención a la diversidad. Así mismo, se tendrá en cuenta para este alumnado la tutoría compartida a la que se refiere la normativa vigente por la que se regula la atención a la diversidad.

Las **decisiones** sobre la evaluación de las adaptaciones curriculares y la promoción y titulación del alumnado se realizarán de acuerdo a los objetivos fijados en la adaptación curricular significativa y será realizada por el equipo docente, oído el equipo o departamento de orientación.

c) <u>Adaptaciones curriculares para el alumnado con altas capacidades intelectuales</u>. No nos afectan directamente. En cualquier caso, se nos pueden presentar chicas o chicos que hacen deporte en escuelas o en clubes. Su mayor nivel de habilidad nos hará que aumentemos la dificultad de la tarea o la velocidad de ejecución de la misma.

3.5. EL E.O.E. COMO AYUDA EN EL ÁREA DE EDUCACIÓN FÍSICA.

Además de los docentes de apoyo, en los centros educativos ordinarios, la evaluación psicopedagógica, el dictamen de escolarización, la orientación educativa y el asesoramiento al profesorado para la atención a este alumnado y la intervención directa, corresponde en Primaria a los Equipos de Orientación Educativa. Están compuestos por:

- Trabajador/a social
- Médico/a
- Psicopedagogo/a
- Logopeda.

Este equipo multiprofesional itinerante **se rige en Andalucía** por la Orden de 23/07/2003, por la que se *regulan determinados aspectos sobre la organización y el funcionamiento de los Equipos de Orientación Educativa*, BOJA nº 155, de 13/08/2003; la Orden de 25 de julio de 2008, *por la que se regula la atención a la diversidad del alumnado que cursa la educación básica en los centros docentes públicos de Andalucía*, BOJA nº 167, de 22/08/2008; por el *Decreto 328/2010, de 13 de julio, por el que se aprueba el Reglamento Orgánico de las escuelas infantiles de segundo grado, de los colegios de educación primaria, de los colegios de educación infantil y primaria, y de los centros públicos específicos de educación especial*, BOJA nº 139, de 16/07/2010 y por el Decreto 213/1995, de 12 de septiembre, por el que *se regulan los Equipos de Orientación Educativa*, BOJA nº 153, de 29/11/1995.

CONCLUSIONES

Hemos visto cómo es el desarrollo motor y perceptivo de niñas y niños con discapacidad atendiendo a los tipos de psíquicos, sensoriales y motóricos. La escuela tiene el deber de integrarlos, siempre que el nivel de discapacidad lo permita, y darles soluciones a su problemática. Diversos decretos y órdenes lo avalan. El Área de Educación Física tiene la llave para esta integración debido a las especiales características del juego y del tratamiento de las percepciones corporales, espaciales y temporales que permiten la inclusión de este alumnado en el aula con más facilidad que en otras áreas.

BIBLIOGRAFÍA

- ALEGRE, O. M. (2008). *Los gestos y movimientos de la diversidad*. En CUÉLLAR, Mª J. y FRANCOS, Mª C. *Expresión y comunicación corporal*. Wanceulen. Sevilla.
- ARRÁEZ, J. M. (1997). *¿Puedo jugar yo?* Proyecto Sur. Granada.
- ARRÁEZ, J. M. (1998). *Teoría y praxis de las adaptaciones curriculares en la Educación Física*. Aljibe. Málaga.

- ASÚN, S. y otros (2003). *Educación física adaptada para Primaria*. INDE. Barcelona.
- BARCALA, R. (2009). *Estrategias para la integración del alumnado con necesidades educativas especiales*. En GUILLÉN, M. y ARIZA. L. *Las Ciencias de la Actividad Física y el Deporte como fundamento para la práctica deportiva*. U. de Córdoba.
- BERNAL, J. A. (2002). *El profesor de educación física y el alumno sordo*. Wanceulen. Sevilla.
- BONANY, T. (1998). *Descripción y análisis de la discapacidad psíquica*. En RÍOS, M. y otros. *El juego y los alumnos con discapacidad*. Paidotribo. Barcelona.
- BRAVO, J. (2008). *Atención a la diversidad y su tratamiento dentro del mundo de la educación física*. CEP. Madrid.
- CENTRO NACIONAL DE RECURSOS EN EDUCACIÓN ESPECIAL (1992). *Alumnos con necesidades educativas especiales y adaptaciones curriculares*. M. E. y C. Madrid.
- COMITÉ PARALÍMPICO ESPAÑOL (2014). *La inclusión en la actividad física y deportiva*. Paidotribo. Barcelona.
- CONTRERAS, O. (2004). *Didáctica de la Educación Física. Un enfoque constructivista*. INDE. Barcelona.
- CUMELLAS, M. y ESTRANY, C. (2006). *Discapacidades motoras y sensoriales en Primaria*. INDE. Barcelona.
- ESCRIBÁ, A. (2002). *Síndrome de Down. Propuestas para la intervención*. Gymnos. Madrid.
- GALLEGO, J. (1997). *Atención a la diversidad educativa: Adaptaciones curriculares*. En DELGADO, M. A. -coord.-. *Formación y Actualización del profesorado de Educación Física y del Entrenamiento Deportivo*. Wanceulen. Sevilla.
- GALLARDO, P. (2008). *La atención educativa a las personas con deficiencia mental*. Wanceulen. Sevilla.
- GARCÍA VIDAL, J. (1993). *Guía para realizar adaptaciones curriculares*. E.O.S. Madrid.
- GOMENDIO, M. (2000). *Educación Física para la integración de niños con necesidades educativas especiales*. Gymnos. Madrid.
- GÓMEZ, C.; PUIG, N. y MAZA, G. (2009). *Deporte e integración social*. INDE. Barcelona.
- HERNÁNDEZ, F. J. -Coord.- (2015). *El deporte para las personas con discapacidad*. Edittec. Barcelona.
- GONZÁLEZ MANJÓN, D. (1995). *Adaptaciones Curriculares*. Aljibe. Málaga.
- JUNTA DE ANDALUCÍA. C.E.J.A. (1994). *La atención educativa de la diversidad de los alumnos en el nuevo modelo educativo*. Sevilla.
- JUNTA DE ANDALUCÍA. C.E.J.A. (2000). *Novedades para la actualización del censo de alumnos con N.E.E. en nuestra Comunidad. Anexo I"*.
- JUNTA DE ANDALUCÍA. C.E.J.A. (2001). Revista *Andalucía Educativa*. Nº 26, agosto de 2001. Pág. 22 a 36.
- JUNTA DE ANDALUCÍA. C.E.J.A. (2003). *Plan Andaluz para la Inclusión Social*. Sevilla. Aprobado en Consejo de Gobierno de 11 de noviembre de 2003. B. O. J. A. nº 227, de 25/11/2003.
- JUNTA DE ANDALUCÍA (2005). *Acuerdo de 11 de octubre de 2005, del Consejo de Gobierno, por el que se aprueba el Plan «Mejor Escuela»*. BOJA nº 213, de 02/11/2005.
- JUNTA DE ANDALUCÍA (2015). *Orden de 17 de marzo de 2015, por la que se desarrolla el currículo correspondiente a la educación Primaria en Andalucía*. BOJA nº 60 de 27/03/2015.

- JUNTA DE ANDALUCÍA (2015). *Decreto 97/2015, de 3 de marzo, por el que se establece la ordenación y el currículo de la educación Primaria en la comunidad Autónoma de Andalucía.* BOJA nº 50 de 13/03/2015.
- JUNTA DE ANDALUCÍA (2007). *Ley 17/2007, de 10 de diciembre, de Educación de Andalucía (L. E. A.).* B. O. J. A. nº 252, de 26/12/2007.
- JUNTA DE ANDALUCÍA (2008). *Orden de 14 de julio de 2008, por la que se regula la orientación y acción tutorial en los centros públicos que imparten la enseñanza de Educación Infantil y primaria.* BOJA nº 157, de 07/08/2008.
- JUNTA DE ANDALUCÍA (2008). *Orden de 25 de julio de 2008, por la que se regula la atención a la diversidad del alumnado que cursa la educación básica en centros docentes públicos de Andalucía.* BOJA nº 167, de 22/08/2008.
- JUNTA DE ANDALUCÍA (2010). *Decreto 328/2010, de 13 de julio, por el que se aprueba el Reglamento Orgánico de las escuelas infantiles de segundo grado, de los colegios de educación primaria, de los colegios de educación infantil y primaria, y de los centros públicos específicos de educación especial.* BOJA nº 139, de 16/07/2010.
- JUNTA DE ANDALUCÍA (2010). *Orden de 20 de agosto de 2010, por la que se regula la organización y el funcionamiento de las escuelas infantiles de segundo ciclo, de los colegios de educación primaria, de los colegios de educación infantil y primaria, y de los centros públicos específicos de educación especial, así como el horario de los centros, del alumnado y del profesorado.* BOJA nº 169, de 30/08/2010.
- JUNTA DE ANDALUCÍA (2015). *Orden de 04 de noviembre de 2015, por la que se establece la ordenación de la evaluación del proceso de aprendizaje del alumnado de educación primaria en la Comunidad Autónoma de Andalucía.* B.O.J.A. nº 230, de 26/11/2015.
- LÓPEZ FRANCO, A. (2004). *Actividades físico-deportivas con colectivos especiales.* Wanceulen. Sevilla.
- MACARULLA, I. y SAIZ, M. (2009). *Buenas prácticas de escuela inclusiva.* Graó. Barcelona.
- MARCHESI, A. y MARTÍN, F. (2002). *Una escuela y una sociedad desde la diversidad.* Revista Digital. Buenos Aires. Año 8, nº 47. abril 2002. http//www.efdeportes.com
- MARTÍNEZ PIÉDROLA, E. (2006). *Hábitos saludables en la prevención de la obesidad infantil: "Dieta y Ejercicio".* En *Deportes para todos.* P. M. D. del Ayuntamiento de Dos Hermanas.
- M.E.C. (2013). *Ley Orgánica 8/2013, de 9 de diciembre, para la mejora de la calidad educativa.* BOE Nº 295, de 10/12/2013.
- M.E.C. (2014). *R. D. 126/2014, de 28 de febrero, por el que se establece el currículo básico de la Educación Primaria.* B.O.E. nº 52, de 01/03/2014.
- M. E. C. (2006). Ley Orgánica 2/2006, de 3 de mayo, de Educación (L. O. E.). B. O. E. nº 106, de 04/05/2006, modificada en algunos artículos por la LOMCE/2013.
- M. E. C. (2015). *ECD/65/2015, O. de 21 de enero, por la que se describen las relaciones entre las competencias, los contenidos y los criterios de evaluación de la educación primaria, la educación secundaria obligatoria y el bachillerato.* B.O.E. nº 25, de 29/01/2015.
- MENDOZA, N. (2009). *Propuestas prácticas de Educación Física inclusiva para la etapa Secundaria.* INDE. Barcelona.
- MIÑANBRES, A. (2004). *Atención educativa al alumnado con dificultades de visión.* Aljibe. Málaga.
- MIRÓ, J. (1998). *El déficit auditivo.* En RÍOS y otros, *El juego y los alumnos con discapacidad.* Paidotribo. Barcelona.

- NAVARRO, V. (2007). *Tendencias actuales de la Educación Física en España. Razones para un cambio.* (1ª y 2ª parte). Revista electrónica INDEREF. Editorial INDE. Barcelona. http://www.inderef.com
- NARANJO, J. (2006). *Asma y actividad física en la edad escolar.* En *Deportes para todos.* P. M. D. del Ayuntamiento de Dos Hermanas.
- PÉREZ TURPIN, J. A. y SUÁREZ, C. (2004). *Educación Física y alumnos con necesidades educativas especiales por causas motrices.* Wanceulen. Sevilla.
- PÉREZ BRUNICARDI, D.; LÓPEZ PASTOR, V. M.; IGLESIAS, P. (2004). *La atención a la diversidad en Educación Física.* Wanceulen. Sevilla.
- POSADA, F. (2000). *Ideas prácticas para la enseñanza de la Educación Física.* Agonos. Lérida.
- RIGAL, R. (2006). *Educación motriz y educación psicomotriz en Preescolar y Primaria.* INDE. Barcelona.
- RÍOS, M. y colls. (1998). *El juego y los alumnos con discapacidad.* Paidotribo. Barcelona.
- RÍOS, M. (2003). *Manual de Educación Física Adaptada.* Paidotribo. Barcelona.
- ROMERO, J. F. y LAVIGNE, R. (2005). *Dificultades en el Aprendizaje: unificación de criterios diagnósticos.* C.E.J.A., D. G. de Participación y Solidaridad Educativa. Sevilla.
- RUIZ PÉREZ, L. M. (2005). *Moverse con dificultad en la escuela.* Wanceulen. Sevilla.
- SÁNCHEZ RODRÍGUEZ, J. y LLORCA, M. (2004). *Atención educativa al alumnado con parálisis cerebral.* Aljibe. Málaga.
- SERRANO, A y BENAVIDES, A. (2016). *Educación Física para alumnos con discapacidad motora.* CCS. Madrid.
- SEVILLANO, G. (2003). *Contextos espaciales y materiales para la Educación Física Adaptada.* En RIVADENEYRA, Mª. L. y GÓMEZ, E. Mª. *Desarrollo de la Motricidad.* Wanceulen. Sevilla.
- SIMARD, D.; CARON, F. y SKROTZKY, K. (2003). *Actividad física adaptada.* INDE. Barcelona.
- SKROTZKY, K. (2003). *La espina bífida.* En SIMARD, D.; CARON, F. y SKROTZKY, K. *Actividad física adaptada.* INDE. Barcelona.
- TORO, S. y ZARCO, J. (1995). *Educación para niños y niñas con necesidades educativas especiales.* Aljibe. Málaga.
- VIDAL, M. (1998). *Descripción y Análisis de la discapacidad visual.* En RÍOS, M. y otros, *El juego y los alumnos con discapacidad.* Paidotribo. Barcelona.
- VV. AA. (2008). *Colección de manuales de atención al alumnado con necesidades específicas de apoyo educativo.* (10 volúmenes). C. E. J. A. Sevilla.

WEBGRAFÍA (Consulta en octubre de 2015).
http://www.agrega2.es
http://www.juntadeandalucia.es/averroes/
http://www.adideandalucia.es
http://recursostic.educacion.es/primaria/ludos/web/index.html
www.juntadeandalucia.es/educacion/descargasrecursos/curriculo-primaria/index.html

www.ingramcontent.com/pod-product-compliance
Lightning Source LLC
Chambersburg PA
CBHW080256170426
43192CB00014BA/2687